売上が劇的にアップする！

# メンバーが自ら動き出す「究極の自動化」

株式会社スプリーズ 代表取締役
高橋佑果

大和出版

はじめに

# 「理想の組織」「理想の働き方」を実現したいあなたへ

「もっと自分の時間がほしい」

「もっと効率を上げたい」

「もっと業績を上げたい」

「もっとメンバーが自発的に動いてほしい」

「みんなが幸せに働ける方法を知りたい」


リーダーとして、多忙な毎日を過ごしているあなた。

あなたは、こんな想いから、この本を手にとってくださったのかもしれません。

あるいは、

「この厳しい時代で勝ち残っていくためにも、そろそろ『自動化』の導入を検討しなければ……」

「自動化を試したけれど、うまくいかなかった。もっといい自動化の方法はないか」

という方もいることでしょう。

ご安心ください。

そんな問題をすべてクリアできる解決法が、この本で私がお伝えする「究極の自動化」です。

「究極の自動化？　何だかとても大袈裟なことを言っているな」

たしかに、いったい何が究極なのか気になるところですよね。

私があなたにお伝えしたい「究極の自動化」とは、ある「大切なポイント」を押さえるだけで効率が上がり、メンバーたちが自ら動き出すようになる、まさに夢のような方法。

しかも、コストをかけずに、ゼロ知識でも導入できるものです。

だから、「究極の自動化」なのです。

ある大切なポイントと言いましたが、そのポイントはわずか３つ。

**それだけで、これまではハードルが高いイメージだった「自動化」を、想像以上にスムーズに実現することができるのです。**

「結局ツール頼りで、すべて切り替えなければならない方法だから多額のコストがかかる……」

「メンバーも理解できていないし、ついてきてくれない……」

こんな状況に陥ってしまう一般的な自動化のノウハウでは、なかなか前に踏み出せないのもわかります。

しかし、忙しすぎる毎日から脱出するためにも、「自動化」が不可欠なのは事実。

「自動化」を実践するかしないかで、今後の仕事の流れや、将来の展望まで大きく変わってくるのです。

「時間がない。でも、メンバーに現場を任せられない」

そんな葛藤を繰り返していても、問題は先延ばしになるだけ。

このまま何かを犠牲にしながら働くのは、あなた自身にもメンバーたちにも不利益でしかありません。

ちなみに、私がおすすめする「究極の自動化」は、業務システムを変えるだけではなく、**リーダーやメンバーの心、周りの心にもいい変化を与えてくれる**ものです。

ここで、少しだけ説明すると――。

**●作業効率が上がることで、心に余裕が生まれる**

残業が減って自分の時間をつくることができれば、個々の心にも余裕が生まれます。

人は、仕事においてもプライベートにおいても、かなりの部分が「心のあり方」で身のふり方が左右されてしまうものです。

一緒に働くメンバーたちの「個」を守ってあげるためにも、この自動化は、最高に適した方法だと言えるでしょう。

**●自己肯定感が上がることで、自ら動き出すようになる**

「自動化」によって業務をマニュアル化すれば、メンバーのスキルや得意不得意に関係なく、安定した品質の商品・サービスを提供できるようになります。

1つひとつの仕事を成功させることはメンバーの自信や自己肯定感にもつながります。結果として、メンバーが自ら動き出す風土ができることでしょう。

**●「心のケア」を重視しているので、みんなが働きやすい環境になる**

「自動化」を成功させるうえでの大きなポイントの1つが、メンバーのモチベーションです。

この本では、私が経営者としてだけではなく、心理カウンセラーの見地から実践し、実際に効果があった「心のケア」の方法を多面的に紹介しています。

あなたの組織のメンバーも、きっと大いにモチベーションをアップさせていくことでしょう。

いかがでしょう？

だんだん興味がわいてきたのではないでしょうか？

繰り返しになりますが、私がお伝えする「究極の自動化」は、たった3つのポイントを押さえるだけで実現できるものです。

コストもかからないし、知識もいりません。

「働き方を変えたい」
「作業効率・業績を上げたい」
「メンバーたちと一緒に成功したい」

この本は、こんな強い想いをもつリーダーのあなたに向けた、「すぐに使えて効果が抜群の方法」がつまった1冊です。
私にもできた「究極の自動化」――。
あなたも、私と一緒に新しい世界を切り開いてみませんか？

株式会社スプリーズ代表取締役　高橋佑果

メンバーが自ら動き出す「究極の自動化」

◎CONTENTS

序章

# 「究極の自動化」で、組織の結束力と業績が驚くほどアップ！

第1章

# 仕組みさえわかれば、だれもが「究極の自動化」を実現できます！

## 第2章

# まずは、メンバーが自ら動き出す〝理念〟を浸透させましょう ――自動化のポイント①

第3章

# 〝マニュアル化〟と〝ブランディング〟で効率をアップさせましょう ——自動化のポイント②

## 第4章

# あなたが心から信頼できる〝優秀な右腕〟を育成しましょう

## ――自動化のポイント③

第5章

# うまくいかないときこそメンバーの〝心のケア〟に努めましょう

終章

# 「包容力」と「威厳」のあるオンリーワンのリーダーになりましょう




本文デザイン　村﨑和寿

# 序章

# 「究極の自動化」で、組織の結束力と業績が驚くほどアップ！

# 1 なぜ、私は「自動化」に着目したのか？

## ■自分の時間がほとんどとれない毎日

この本でお伝えする、「メンバーが自ら動き出す『究極の自動化』」――。

私がこの「自動化」に着目するキッカケとなったのは、離婚を機に起業し、美容サロン1号店をオープンしたことです。

オープン当時のメンバーは、私を含めて3名。朝から働き、夜に帰宅してからも残っている仕事を終わらせて、気づけば深夜0時をとっくに回っている……。

深夜1時から2時頃に眠りにつき、午前6時までには起床して、子どものための準備を終えたらすぐ職場に向かい、また遅くまで働くという毎日の繰り返しでした。

**あなたは、1日のうち、仕事以外の自由な時間はどれくらいありますか？**

ほとんどの社会人にとって、１日のうちに本当に自由な時間というのは、睡眠や身支度の時間を除けば、帰宅してから就寝するまでの数時間と週１、２日の休日くらいだと思います。それどころか、貴重な休日でさえ、平日にできなかった家事やもち帰った仕事などで潰れてしまうという経験をしている人も多いことでしょう。

「もっと自分の時間がほしい！」

「もっと家族や子どもとの時間を増やしたい！」

「もっと仕事を効率よくこなしたい！」

「もっとメンバーが自発的に動くようになってほしい！」

リーダーやリーダーの下で働くメンバー、それぞれ立場は違っても、日々感じている不満や願望は、ある程度共通しているでしょう。

私も会社を自動化する前は、このような不満や願望がいつも頭のなかでぐるぐる渦巻いている状況でした。

では、そんな〝働くすべての人たちの悩み〟を解決するには、どうすればいいのでしょうか？

**それには、「人や組織をどう動かすのか」「どう働きたいのか」を明確にすることがポイントになります。**

それをせずに、がむしゃらに働いているだけでは、業績アップどころか、リーダーである自分もメンバーも疲れていくだけです。

案の定、がむしゃらに働きすぎた私自身、過労で入院してしまったこともあります。

**そして、そんなときに着目したのが「自動化」というワードです。**

仕事をすることは、人にとって欠かせないことですが、当然ながら時間は有限。

「毎日、上手に時間を使わなければいけない。体も心もボロボロになってからしか休めないような会社にはしたくない。家族やメンバーのことを考えられないリーダーにはなりたくない！」

私は、そんな一心から、独学で自動化について学び始めることにしたのです。

# 2 「自動化」を実現するために試行錯誤

## ■当たり前だけど、つい忘れてしまいがちなこと

「自動化」を決意した私は、まずは当時、自分が担っていた仕事をできるだけ具体的に書き出してみることにしました。

そして、その書き出した仕事内容を「メンバーに任せていくにはどうしたらいいのか？」を考えるために、仕事の空いた時間に書店に行っては、役に立ちそうなビジネス書を購入し、片っ端から読んでいきました。

私の場合は、本当に〝ゼロ知識からの自動化〟。

「自動化について基本的な知識さえないけれど、音《ね》を上げて後戻りするわけにもいか

ない」

私のなかには、とにかく**「前に進まなければいけない」**という想いしかありませんでした。

話は戻りますが、私は自動化を進めるにあたって、最初は「しっかりマニュアルさえ作成すれば、メンバーに業務を任せても大丈夫だろう」と、やや甘く考えていました。

しかし、いざ、実践してみると、メンバーとの認識のズレや、考え方の違いが顕著にあらわれることに……。

接客に対するメンバーの考え方がバラバラだったり、向上心やモチベーションにもズレがあったり、せっかくマニュアルをつくったのに、うまく浸透しなかったのです。

その原因は２つありました。

**1点目は、私の「理念」をメンバーにしっかり浸透させられなかったことです。**

やはり、リーダーとしての想いや価値観がメンバー全員に伝わっていないと、みんなで一丸になって目標に向かっていくことは難しくなるのです。

**2点目は、現場の声をマニュアルに反映させず、私の一方的な目線でつくってしまったことです。**

そのマニュアルは、いわゆる私の理想。

「どうすれば実際には動きやすいのか」というメンバーたちの声を考慮に入れたものでなかったのは、大きな欠点でした。

とはいえ、苦難を乗り越えるためにやると決めたことを、一度の失敗くらいであきらめるわけにはいきません。

私は奮起して、「このマニュアルだと使いづらい」という、現場のメンバーの声をしっかり聞き、もう一度つくり直すことにしました。

また、この二度目のマニュアル作成時に、とくに力を入れたのが**「理念のつくり方」**です。

私がいなくても〝メンバーの心が迷わない〟ように、私の想いや会社の想いを、具体的に理念として表し、メンバーへ徹底的に浸透させる努力をしました。

加えて、自動で集客できるように、美容サロンの「ブランディング」にも力を入れました。

ある程度の基本ができたら、今度は現場を任せる「右腕」をつくることを考えていきます。

現場を自動化するにあたっては、「右腕」の存在は本当に重要です。

とはいえ、「右腕」も1人の人間です。

何よりも「右腕」の〝心〟を大切にしようと、そこだけは徹底的にこだわりました。

**「自動化」をするとは言っても、システムだけでは人は動きません。**

**そこに〝心や愛〟がなければ、「自動化」はうまくいかないのです。**

これは、さまざまな壁にぶち当たりながらも「自動化」がうまくいくようになった私の「心からの実感」です。

# 3 私が目指すべき道筋が見えた瞬間

## ■リーダーの本来の仕事は何ですか?

「自動化」と言うと、まるで仕事を全部メンバーに丸投げして〝リーダーだけがラクをする〟ための方法のように思えるかもしれませんが、それは間違いです。
自動化するためには、しっかりとした業務システムの構築や、メンバーへの丁寧な指導などが必要不可欠です。

**私は、「自動化」とは組織、メンバー、家族など、自分を含めた周りのみんなが幸せになるための方法であり、みんなが助け合って働く理想の形だと思っています。**

リーダーのなかには「自分が長時間、仕事をするのはいいこと」だと考えている人もいるかもしれません。

長時間勤務に慣れきっている日本人は、仕事のためにプライベートを犠牲にすることが当たり前だと思う傾向がありますからね。

**しかし、1つだけ言えるのは、リーダーの本来の仕事とは、現場でメンバーと長時間、一緒に働くことではない、ということです。**

まずは、仕事をメンバーに任せることへの罪悪感や恐れをなくし、「長時間働かないといけない！」という囚われを手放すことが大切です。

私も最初はとても不安でした。自分が現場から離れることで、

「サロンに通ってくださるお客さまを失望させてしまったらどうしよう？」

「私のやってきたことがムダになってしまうのではないか？」

と悩んだりもしました。

ですが、**「リーダーの本当の役割は違う」「リーダーにはリーダーの仕事がある」**ということを自分で理解できたとき、私が目指すべき道が見えたのです。

リーダーというのは、メンバーが組織のために頑張って働いてくれていることにいつも感謝しながら、組織とメンバーが幸せになるために、どんなときも前に進まなければいけない存在です。

**いつでも新しいことに挑戦して、メンバーが毎日ワクワクしながら働ける環境をつくり、メンバーたちにも新しい世界や可能性を見せてあげられる――。**

そんなリーダーこそが、真のリーダーなのではないでしょうか。

私自身、リーダーとして、そうありたいと心から願いました。

とはいえ、そもそも自動化するまでの私は、こんなポジティブな考え方をする余裕はありませんでした。

それが、自動化を進めていくにつれ、だんだんと前向きに変われたのです。

と同時に、「自動化という方法を使えば、みんなを幸せにできるかもしれない！」と思えるようになったのです。

4

# 仕事時間は激減。だけど業績は右肩上がり！

## ■「究極の自動化」で、夢がどんどん叶った！

さて、「自動化」に踏み出す前の私は、現場だけでも1カ月で約200時間、働いていました（その他、オフィスワークや平日、家にもち帰ったり、休日に行った仕事時間は除く）。

まさにブラックですよね。

法廷労働時間を軽く超えてしまっています。

仕事だけでこれだけの時間を費やしていたので当然、家事も育児も中途半端。

本当にただ目の前の仕事をこなすだけの日々で、気がついたら「仕事しかしていない」という状況で、時間に追われるばかり。

それが、美容サロン1店舗目の運営形態に「自動化」を導入してからというもの、現場での仕事の時間が、1カ月で20時間ほどまでに減ったのです。

**それまでと比べて、現場での勤務時間が1／10まで削減。**

自分でもあまりの違いに驚きました。

これまでは仕事ばかりで、仕事を終わらせるために時間を使うことしかできなかったのに、自動化によって余裕が生まれたので、リーダーとしてのスキルアップのために時間を使えるようになりました。

- 読書やセミナーに参加する時間がとれるようになった
- 現場を冷静に見られるようになり、的確な指示が出せるようになった
- 新規事業の立ち上げなど会社を拡大するために戦略を練る時間ができた
- 時間がないために見落としていた細かい部分までしっかりチェックできるようになった
- 人間力を向上していくために、多くの人との交流時間をもてるようになった

このように、リーダーとして「やらなければいけないこと」「やりたいこと」に対して、存分な時間を使って向き合うようになれたのです。

**実際、リーダーとしてプラスに成長できれば、それに比例して自分の周りにもプラス効果が働いてくれることが多くなります。**

現に、たとえば仕事の面では、自動化により私の仕事時間が減っただけでなく、サービスの質が安定したことで、むしろ利用してくださるお客さまが増えていきました。プライベートの面では、私個人の知識を高めるために必要な勉強の時間やセルフケアの時間がとれるようになったことで、私の向上心やモチベーションもどんどん高まっていきました。

何よりもよかったのが、メンバーのやる気が以前よりグンと高まったこと。

結果として美容サロンを4店舗にまで事業拡大することができ、この時点で売上が4倍以上にまで達することができたのです。

それだけではありません。

この実績をつくれたこともあり、私が一番つらいときに心の支えになってくれた「メンタルケア」の大切さを広めるために、ずっとやりたいと考えていた「オンラインカウンセリング事業」も新規事業として起業することまでできました。

念願の夢が叶い、本当に感動でいっぱいでした。


**自動化をして、時間やお金、心に余裕ができて、豊かな生活を送れていることに本当に感謝しています。**


仕事を自動化するキッカケは、怒涛の忙しさで時間に追われて疲れ果ててしまった状況から抜け出すためでした。

しかし、私のように独学でも、ここまで前に進むことができ、強くなることができたのです。

だから、大丈夫。

これから私がお話しすることを実践していただければ、きっとあなたも大きく状況を好転させることができるでしょう。

## 5 私がアドバイスした方々から「喜びの声」続出！

### ■まさに「案ずるより産むが易し」

「自動化」の成功を経て、私はあることに気づきました。

**それは、周りの会社の経営者やリーダーのみなさんが、意外なほど「自動化」を実践していないという事実です。**

そこで私は、経営の傍《かたわ》ら、自らの経験を活かして、コンサルティング業務として「自動化」のアドバイスを行うことにしました。

いろいろな不安があったのでしょう。

最初は、どの方も「自動化」に踏み出すことに難色を示していました。

しかし、私が自動化に対する不安を解消するとともに、そのメリットを根気強く説明していくうちに、意識が徐々に変化し、前向きに考えてくれるようになったのです。するとどうでしょう？

ありがたいことに、「自動化」を実践したほとんどすべての方から、**「喜びの声」**をいただけるようにまでなったのです。

ほんのごく一部ではありますが、以下に紹介させていただきますね。

●会社を自動化することによって、自由な時間だけでなく、ビジネス的にも安定して稼げるようになりました。これからは自動化でつくったスキームを横展開して、ビジネスを広げていこうと思っています。素晴らしいノウハウをありがとうございました（建設業・Y様）

●日々仕事に追われ、帰るのはいつも真夜中。従業員に仕事を任せるなんて不安だし、絶対にムリだと思っていました。しかし、自動化の方法を学び、考え方を変えたことで、いまでは従業員を信じて仕事を任せられるようになりました。ピリピリしていた従業員との関係もよくなり、いまでは毎日がとても楽しく充実しています。このご時

世のなか、業績も右肩上がりです（サービス業・S様）

●自分が現場でスタッフと一緒に働いていたときは、視野が狭くて会社全体を見られていなかったと思います。自動化して少し離れたところから現場を見ることで、会社の弱点や改善点などがよく見えるようになりました。また、時間や心にも余裕ができたことで、新たな事業にも取り組めるようになりました（美容業・H様）

いかがでしょう？

「自動化」を導入するだけで、これだけの変化があるのです。

ここで、私は断言したいと思います。

**「究極の自動化」に取り組むと、確実に世界が変わっていく、ということを――。**

ぜひ、次の章からお話しすることを参考に、あなたにも「究極の自動化」の素晴らしさを体感してほしいと思います。

第1章

# 仕組みさえわかれば、だれもが「究極の自動化」を実現できます！

# 1 「リーダーが忙しいのは当たり前」は本当？

## ■リーダーとして常に意識しておくべきこと

「いつも忙しい」

これは、多くのリーダーたちが口にする言葉です。

では、この悩みを解消するにはどうすればいいのでしょうか？

そこでまずは、会社や組織をまとめるリーダーたちの「忙しさ」の主な原因を見ていくことにしましょう。

### ①1人で仕事を抱え込みすぎている

私は現在、店舗経営の傍ら、商工会議所にも在籍していますが、さまざまな業種のリーダーたちを見ていて感じるのは、やはり「責任感がある」「努力家」「真面目」「細かいところまで気がつく」といったように**〝できる人〟**ばかりだということです。

そして、そんな人たちだからこそ、

「何から何まで自分でやらないと気がすまない」

という心境になりがちで、すべてを1人で抱え込み、結果的に忙しい状態から抜け出せず、いわゆる「魔のサイクル」に陥ってしまう……。

つまり、仕事ができるからこそ現在の状態になってしまっているのです。

## ②メンバーを信じて任せられない

次は、仕事のクオリティ、サービスの質を下げないために、どうしてもメンバーを信じて任せることができず、「自分でやってしまったほうが早い」と思ってしまうケース。

これはプロ意識が高く、職人気質な人に多く見られます。

心理学的に見れば、人は自分でコントロールできない状況に強い不安を感じます。

つまり、自分でコントロールできない状況になると、

「任せるのが怖い」

「予期せぬことを避けたい」

という、負の感情が出てきてしまうわけです。

この不安を上手にコントロールし、自分の忙しさを減らすためには、以下の２つが大切です。

●自分も相手を信じる
●「信じて任せる」ということを言葉にする

たとえば、２人のリーダーがいるとします。

リーダーA：「あなたに任せれば安心。いつもありがとう！　よろしく頼んだよ」

リーダーB：「とりあえず、この仕事やっといて。後でチェックするから真面目に手を抜かずにやっといてよ」

あなたがメンバーなら、ＡとＢのリーダーのどちらについていきますか？

明らかに前者ですよね。

人の行動には、**「自分を信じてくれる人は裏切りたくない」**という深層心理が働きます。自分を信じてくれる人の期待に応えようと頑張りたくなるものなのです。

逆に、自分は信用されていないと感じれば、「どうせ信用してくれていないんだし、まあ簡単にすませておけばいいや」と最低限のことだけを考えて、「よりいいものにしよう！」という思考では動かなくなります。

実際、この〝信じて任せられない〟という壁を打破できなければ、自動化導入は厳しくなると言わざるを得ません。

「任せられない！」ではなくて、まずは自分のメンバーを信じてみましょう。

メンバーとの信頼関係が築ければ、メンバーの働き方に余裕が生まれ、組織自体の成長に大きな力を発揮してくれます。

## ③メンバーに任せたら質が下がると思っている

こう考えているリーダーは、けっこう多いのではないでしょうか？

メンバーのスキルに不安や不満を抱いていたり、何かとミスを想定して任せられずにいるのなら、仕事を**「マニュアル化」**しましょう。

マニュアルがあれば、スキルにかかわらず、だれでも同じように作業できるため、仕事の質が均一になり、どんなときもいい仕事をする組織をつくれます。

さて、ここまでのところではリーダーが忙しくなる原因について見てきたわけですが、ここであなたに言っておきたいことがあります。

**それは、リーダーは「メンバーに任せる＝人材育成」という思考でいることが大切だということ。**

換言すれば、投資的な思考でいるのがベストです。

リーダーがどんなに優秀でも、メンバーが育たなければ組織は回りません。

人材育成＝投資、すなわち〝**組織の未来のため**〟という気持ちに切り替えることで、ぜひ「リーダーは忙しすぎる」「メンバーを信じて任せられない」という問題を解決してほしいと思います。

# 2 「究極の自動化」でもたらされる5つのメリット

## ■組織が抱えるさまざまな課題によく効く！

「組織の自動化には興味がある……。でも実際にはどう変わるの？」

〝自動化をすればラクになる〟ということは、何となくではあっても、あなたもイメージできるようになったことと思います。

そこで気になるのは、〝**自動化によるメリット**〟についてですよね。

具体的にはどんなものがあるのでしょうか？

さっそく見ていくことにしましょう。

この本のテーマである「メンバーが自ら動き出す『究極の自動化』」には、大きく分けて5つのメリットがあります。

## 【メリット①】仕事のマニュアル化で効率がよくなる

いつも行っている業務を「マニュアル化」すれば、作業効率は急激に上がります。

組織には、毎日変わらない業務がありますよね。

その業務をマニュアルにすることで、メンバーは「自分のやるべきこと」「作業手順」「トラブル時の対処法」など、本来はリーダーの指示待ちでタイムロスしてしまうときでも、〝すべきこと〟が明確になり、指示待ち時間や作業中に悩むということが減って、作業効率と生産性がアップします。

**組織全体の作業効率がアップすれば、これまでのリーダーの負担も激減。**

毎日の忙しさから解放され、自分の時間がもてることで心に余裕が生まれ、生活サイクルの乱れも改善できます。

私自身も、自分の会社を自動化する前は、毎日の業務、メンバーの管理などで忙しすぎて、プライベートの時間がとれず、ずっと「仕事と生活をどう両立させればいいのか」と悩む毎日でした。

それが自動化を決心してからは、自分のなかでやるべきことが見え、そこに向かって、しっかりとした土台の組織づくりをスタートさせたので、それまでの不安がずいぶんやわらぎました。

さらには、自分が現場にいた頃よりも、組織全体を見わたせるようになり、問題点などもはっきり見えるようになったので、リーダーとしての本来の役目を果たせるようになったと実感しています。

## 【メリット②】コスト削減と業績アップが同時に叶う

自動化導入と聞くと、「コスト」が頭のなかに浮かんでしまい、躊躇しますよね。

でも、その心配は無用です。

私がおすすめする自動化法は、「最小限の動きで売上倍増」を見込めるものです。

まずは、作業のムラやムダな部分を省いた効率のいい仕事が可能になるのと同時に、メンバーたちのモチベーションが高まり、生産性のアップにつなげられます。

そのうえ、マニュアルをベースにしているので、人材育成においても、教える人間や指導法によって変わってしまう業務スタイルのバラつきをなくすことができます。

このように、〝最小限の動き〟でコスト削減と組織の業績アップを叶えられるのが自動化という方法なのです。

## 【メリット③】景気や世界情勢に左右されにくい組織になる

国内の景気や世界情勢に左右されにくい組織にするために大事にしたいことと言えば、以下の2つがあげられます。

- 業務を属人化しない
- 安定したクオリティを保つ

これらは、業務をスムーズに行える環境をつくることで手に入れられます。

「担当者にしかわからない」という属人化しがちな業務をマニュアルにして組織内で共有・管理するので、いざ担当者が休んでしまったときでも、ほかのメンバーが、しっかり対応できるのです。

また、組織の主軸となる「理念」をベースにマニュアルをつくり、そのマニュアルに沿って作業するので、常に仕事のクオリティを安定させ、維持することができます。

安定したクオリティの仕事を素早く提供できれば、取引先や顧客からの信頼度、需要が高く、将来にわたって景気に左右されにくい組織になることでしょう。

### 【メリット④】新たな挑戦ができる

新たな事業展開をするうえで、一番必要なのは**「時間」**です。

自動化によってリーダーに時間的な余裕が生まれれば、読書や勉強などの**「インプットをする時間」**をもつことができますし、商工会議所のようなコミュニティに入って、さまざまな業種のリーダーたちとの意見交換をするなど、自分の成長のためにも時間を使えるようになります。

これからやってみたいことや、計画していた新規事業を立ち上げる準備にも集中して力を注げるので、あなた自身や組織にとっての新たな挑戦に踏み切るチャンスを得られます。

### 【メリット⑤】仕事に追われない楽しい人生になる

私が自動化を決心した背景には、

「シングルマザーとして、しっかり子育てをしたい」

「自分がいなくても円滑に現場を回していきたい」

という、2つの強い想いがありました。

仕事とプライベートで、自分がやらなくてはいけないことが多すぎて、とてもバタバタした毎日を送っていましたが、自動化を実現したいまは、子どもたちとの時間がとれるようになりましたし、家事をする時間もできました。

と同時に、自動化をしたことによってメンバーたちのモチベーションが上がり、その成長速度もそれまでとは比べものにならないほどのものになりました。

それが、業績アップに直結したことは言うまでもありません。

以上、ここにあげた5つのメリット以外にも、組織形態によっては、もっと違ったメリットもあるだろうと思います。

いずれにしても、自動化とは、多くの組織が抱える課題を解決できる「働き方改革」と言えるものなのです。

# 3 「自動化」を成功させるポイントは3つある

## ■メンバーの負担が少ないのが大きな強み

さあ、ここからは、いよいよ私がおすすめする自動化の方法を具体的に見ていきます。

私の自動化法における〝成功の秘訣〟は、たった3つのポイントを押さえるだけ。難しいことはいっさいなしで、ゼロ知識で実践できるものです。

では、その3つとは――。

①自分（組織）の理念の浸透
②仕事のマニュアル化&自社ブランディング
③優秀な右腕の育成

この3つのポイントの大まかな内容は、次の項目以降で説明しますが、最大の特長は、コストがかかるツールを使わないことに加え、だれにでもできる方法であるという点です。

通常、プロジェクトの立ち上げや新しいことを試みるときというのは、考えがまとまらず頭がパンクしそうになりますよね。

ご安心ください。

繰り返しになりますが、この本で紹介している自動化の方法は決して難しいものではありません。

**私の自動化法は、中長期で考えることが必要ですが、メンバーにとっても負担が少なくてすむものです。**

まさに、いいことだらけ。

さっそく、次の項目からそれぞれのポイントの内容を簡潔に見ていくことにしましょう。

# 4

## 自動化のポイント①
## 自分（組織）の理念の浸透

### ■理念が単なる〝お題目〟になっていませんか？

リーダーの立場になれば、組織づくりをするときには必ず、

「どんな組織にしていくか」

「いつも変わらず、こうありたい」

など、組織の構成や将来のビジョンを考えますよね。

その意思（価値観・考え・想い）を込めたものを、私は**「理念」**と呼んでいます。

そして、この理念をつくって浸透させることで、組織全体で共通の目的意識をもって働けるようになります。

ただし、この理念というものは、組織の存在理由や目的だけではなく、メンバーの行動規範や組織の人間関係にもかかわってくるものなので、単に理念を掲げるだけで

はうまくいきません。

**そう、理念のゴールは「浸透させる」ところにあるのです。**

メンバーが、その理念を心にとめて、自ら考えて動き出すようになる——。

そうなって初めて、理念は大きな価値をもち始めます。

## ■効率や生産性を上げる最大のファクター

ところで、あなたはなぜ「理念」が、ここまで大切にされるようになったのか、その背景を知っていますか？

じつは、現代でよく目にする「企業理念」のルーツは、産業の中心が「モノづくり」であった1900年にまでさかのぼります。

いかにモノを数多く生産するかが重視されていた時代に、経営学者のフレデリック・テイラー氏が提唱する**「科学的管理法」**というシステムが誕生しました。

この管理法は、従業員の経験やスキルによって成り立っていた作業を、客観的・科学的な視点で管理し、従業員による作業を機械のように「効率化」させることを目的にしていました。

そのため、導入した多くの企業で仕事の効率が上がったのですが、やがて従業員の疲労や離職者が増えていったことが問題視されるようになっていきました。

そんななか、新たに産業社会学者のエルトン・メイヨー教授が「従業員にとっては仕事へのやりがい、職場での人間関係こそが生産性を高めるうえで重要である」ということを実験によって証明。

そこから、

**「組織としての考え方や価値観という理念」**

**「従業員の働く動機」**

という2つの要素をきちんと一致させることが強い組織づくりには重要だと認識され、その考え方が現代にまで受け継がれるようになったのです。

組織を牽引するとなると、利益を上げることにばかり目がいきがちです。

しかし、それ以上に理念に目を向け、かつそれを浸透させることこそが、仕事の効率や生産性を上げることにつながるのです。

## 5

### 自動化のポイント②
# 仕事のマニュアル化&自社ブランディング

### ■「仕事のマニュアル化」をするうえでの注意点

自動化のポイントの2つ目である「仕事のマニュアル化」と「自社ブランディング」は、組織にとっての**「質」**と**「価値」**にかかわる大きな要素です。

まず、「仕事のマニュアル化」については、ふだんの業務や作業手順を完全マニュアル化することで、時間を要していた確認作業など、これまで非効率的だった業務全体を見直していきます。

**ここでの鉄則は、マニュアルの基本部分（ベース）は、必ずリーダー自身がしっかりつくることです。**

その一方で、基本以外に追加する部分は、世の中の動きに合わせてリーダーのみならず、現場をよく知る右腕となる存在の人と話し合って修正したり、右腕とメンバーたちで話し合って進めていけばいいでしょう。

ただし、リーダーがいないときにマニュアルで修正したい部分が出てきたら、必ず報告することも忘れずに伝えておきましょう。

仕事のマニュアル化にあたっては、自分たちの組織にとって、本当に必要な作業だけを残し、ムダな仕事時間は減らして、もっといい働き方ができる環境へ変えていくことがポイントです。

次に、組織の業務問題でよくある**「業務の属人化」**について。

属人化とは、専門のノウハウをもつ担当者以外にはできない業務があることを表します。

そんな業務があると、担当者が突然、「会社を辞めます」「今日、休みます」となったときに現場は困ってしまいますよね。

そうした事態を防ぐためにも、マニュアルをつくって組織内で共有する必要があるのです。

メンバーが日々作業をするなかで、

「これって、どうしたらいいの?」

「みんなやり方がそれぞれ違うけど、どれが正しいんだろう?」

と迷うことがないように、リーダーや右腕が手順・工程・ポイントなどをわかりやすく文章にまとめて緻密なマニュアルを作成。

それを組織内で共有すれば、ベテランと経験の浅いメンバーとの知識やスキルの差から生まれる**「質(クオリティ)のバラつき」**問題の解決にもなります。

メンバーが、いつもマニュアルどおりにレベルの高い仕事をしてくれるので、安心して現場を任せられるようになるのです。

## ■「自社ブランディング」をするうえでの注意点

「自社ブランディング」とは、組織(会社、社内チーム、店舗グループなど)が、外部への認知拡大(アウターブランディング)や、組織内部の団結力を高めて働く(インナーブランディング)ために、方向性や目標、ビジョンをしっかり定め、組織の価値（ロイヤリティ）を上げていくことです。

**その意味では、理念の浸透を含め、内部や外部へ「自分たちの組織のあり方」が完全に定着するには、1～3年という中長期のスパンで見ることが大切です。**

何しろ、メンバーたちも、自社ブランディングを通して、**「自分たちの仕事は組織の価値と同時に、自分の価値も高めていくものだ」**と自覚することができ、仕事に誇りをもって組織改革に臨んでいけるわけですから、ぜひ中長期的な視野で臨んでほしいと思います。

この自社ブランディングは、組織の魅力を知ってもらい、多くの人に愛してもらう目的を果たすだけでなく、今回の本のテーマである**「自動化の実現」**をより強固なものにするうえで、とても大きな役割を担っているものです。

詳しくは第3章で説明するので、楽しみにしていてくださいね。

## 6

# 自動化のポイント③ 優秀な右腕の育成

### ■あなたの組織を大きく繁栄させる存在

「現場が忙しくて、人材育成を考える暇なんてない！」

そんなリーダーにこそ伝えたいのが、優秀な右腕の育成法です。

社長、部長、課長、主任などのリーダーが、現場にいなくても組織を回せるようになる自動化ですが、そこで最大の功労者となるのが「優秀な右腕」、いわゆるナンバー2の存在。

右腕となる人材が組織にいるかいないかで、組織の未来が決まると言っても過言ではないほどです。

リーダーが1人ですべてを取り仕切っていると、事業の拡大や組織の成長に限界がありますよね。そんなとき、信頼して現場の管理を任せられる右腕がいれば、どんなに助かることでしょう。

たとえば、製造業の場合。

その現場に優秀な工場長がいるか、専門の技術者がいるかどうかで、環境や業績は大きく変わってきます。

だれよりも現場をよく知り、リーダーの意見を上手にメンバーに伝え、円滑に仕事を進める右腕は、リーダーと現場のメンバーとのパイプ役としても活躍してくれます。

**まさに、全体をサポートしてくれる参謀のような存在。**

こんな優秀な右腕が育てば、リーダーがいなくても現場は回り、時間に追われる毎日から一転、貴重な時間を有効に使える日々を手に入れることができるでしょう。

さらに、よく「組織のリーダーは孤独だ」と言われますが、右腕の存在によってリーダーの孤独感がなくなるうえに、自分1人で何もかも抱える必要がなくなります。

なお、リーダーの分身となる右腕に適した人材について簡単にまとめると、以下のようになります。

- リーダーの理念を理解している
- 自分の代わりを任せられる人柄である
- イエスマンではなくリーダーに意見できる
- 明るい性格である

ただし、最初から自分や組織の大きな期待を背負わせてしまうのはNGです。

右腕となる人材も、はじめから優秀なわけではありません。

リーダーが愛情をもって、しっかり育てることが必要不可欠。

そのうえでリーダーがやるべきことは、自分の代わりに頑張ってくれている右腕の「心のケア」を怠らず、いつも感謝の気持ちで労って支えてあげることです。

これはとても大切なことなので、しっかりと心に刻んでおいてください。

# 7 「究極の自動化」は小さな組織ほどうまくいく！

## ■理由は大きく分けて4つある

ものごとを進めるときは、小さな規模がいい場合と、大きな規模がいい場合に分かれますよね。

私がこの本でお伝えする自動化は、どちらかと言うと、小さな組織に適しています。

それには、いくつかの理由があります。

### ①迅速な意思決定ができる

小さな組織の強みと言えば、〝**意思決定の早さ**〟です。

大企業などの規模の大きい組織では、意思決定を下す上司（社長）と、実際に現場で業務を行う担当者では業務の範囲が完全に区別されていますよね。

現場の担当者は、メンバーや顧客のリアルな声を聞き、改善策を考えたり、現場ならではの意見を活かしたりすることが可能ですが、決定権のある上司の承認を得なければならないため、その手続きなどに時間を要してしまいます。

一方で、小さな組織は比較的、リーダー的な立場の人間と現場の人間との距離感が近く、コミュニケーションがとりやすいうえに、現場の責任者がリーダーの「右腕」であることが多いので、迅速な意思決定を下しやすいというメリットがあります。

## ②理念を浸透させやすい

大きな組織ともなれば、従業員の数も桁違いになります。

それだけの人数に組織の理念を浸透させるには相当の時間を必要とするのに対し、小さな組織ではリーダーの価値観や想いをメンバーに直接伝えることができるので、浸透させるのにあたって、大きな組織ほどの時間は要しないでしょう。

## ③目が行き届きやすい

小さな組織は、リーダーとメンバーのコミュニケーションがとりやすく、細部まで目が行き届きやすいため、組織内で何か問題が発生したときにも、すぐに適切な対応がとれます。それぞれの仕事の進捗具合を把握しやすいという利点もあるので、だれかが困っているときに、互いに仕事のフォローができるのも大きな強みです。

## ④柔軟に組織対応ができる

組織内で構成の変更などを実施する際、大きな組織にとってはかなりの手間と時間が必要になるのが難点です。

資金や人員を多く投入して事業を行っているうえに、取引先や顧客といった多くの利害関係者との調整にも時間が必要になるため、たとえ自動化を検討していても、スムーズに導入することが難しいのです。

それに対して小さな組織は、そもそもの投入コストや人員も、最小限で動ける事業計画を立てています。

そのため、利害関係者も限られた数に抑えることができ、自動化などの新しい試みや方針転換の際も、組織内や関係者との調整がしやすく、とても柔軟で小回りの効いた対応ができるという利点があるのです。

# 8

# 組織にいる全員が楽しく働くために必要なこと

## これさえわかれば、怖いものはない

たとえメンバーが数人であっても、数十人、数百人であっても、リーダーがいてメンバーがいるならば、そこはもう、1つの立派な組織です。

その組織を率いて奮闘するリーダーのあなたにとって、メンバーが自発的に考えて動いてくれる、着々と成長できる組織をつくることは普遍的なテーマですよね。

**私が伝えたい最大のテーマは、〝メンバーが自ら考えて動く組織をつくる〟ことです。**

これは、仕組みさえわかれば、だれでもできることです。

私自身が実践してきたことですが、あなたに「そんなに簡単でいいの?」と思われてしまうくらい、本当に「シンプル」な方法です。

まだ第1章で、ここまでは序盤ですが、「自動化って難しそう……」というイメージが少しずつ変わってきたのではないでしょうか？

どんなことでも同じですが、仕組みさえわかれば、怖いものというのは、意外にありませんよね。


自動化によって働き方を変えて、リーダーもメンバーたちも、もっと自由に楽しく働く。

家族や友人知人といるときはもちろん、1人のときも有意義にのんびりする時間をもち、自分や周囲の人の体や心にも気づかうようになれる。

時代の波にも柔軟に対応でき、どんな状況になっても生き残っていける結束力の高い組織づくりができる。


**そんな「やりたいこと」「やるべきこと」がたくさんある毎日――。**

どんな人にとっても、時間は等しく限られています。

そうであるなら、そのなかでやれることを全力で実行するのみ！

私が試行錯誤の末に生み出した「究極の自動化」。
あなたも、さまざまな事情で、これまではなかなか前に踏み出せなかったかもしれません。
でも、自動化に向けて動くなら、いまです。

自分のため、メンバーのため、組織のための自動化——。

次の章からは、いよいよ自動化の３つのポイントを詳しく見ていきます。
ぜひ、しっかりと読み進めていってほしいと思います。

第2章

# まずは、メンバーが自ら動き出す〝理念〟を浸透させましょう

――自動化のポイント①

# 1 あなたには〝理念〟がありますか？

## ■理念が浸透していないために生じるデメリット

さて、この章では自動化のポイントの1つ目、**「自分（組織）の理念の浸透」**について見ていくわけですが、「理念」と聞くと、堅苦しいイメージがあるかもしれませんね。

これは簡単に言うと、**「考え方」「価値観」**のことです。

すべてのものごとに対して「このようにあるべき」「こうありたい」というような、目的や存在意義を示した**〝変わらないもの〟**と言ってもいいでしょう。

でも、その理念をリーダーが頭のなかで考えているだけでは、メンバーには伝わりません。

では、理念が浸透していない場合、どのようなデメリットがあるのでしょうか？

## ①個人プレーが増える

メンバーは個人の利益のために働くようになり、〝協調性に欠けた組織〟となってしまいます。そうなると、人間関係や業務のどこかでマイナスの作用が働いてしまうため、組織の大きな成長は望めません。

## ②何のために働いているのか、目的を見失う

「お金のためだけに働いている」「何となく仕事をしている」という感覚が心や頭のなかを占めてしまい、〝だれのために、何のために〟自分は働いているのか、目の前の課題や求められたことを成し遂げる喜び、その組織にいる自分の存在価値までわからなくなってしまいがちです。

これは、組織にとっても本人にとっても、いいことではありません。

## ③組織自体が〝業績優先〟の考え方になる

業績だけを見る組織は必ず歪みが生じ、その負担は全体が背負わなければいけなくなります。

以上、主なデメリットを見てきたわけですが、いかがでしょう？

理念が浸透していないことによる弊害が、決して見過ごすことのできないものであることをおわかりいただけましたよね。

リーダーとして組織やメンバーを導くためにも、だれにでもわかりやすい言葉で「自分の理念」をつくり、浸透させていきましょう。

## ■「こうありたい」という想いを書き出すだけでOK

「理念が大切なのはわかった。でも、自分の想いをどう言葉にしていけばいいのかがわからない」

ここまでのところで、あなたはこのように思われたかもしれませんね。

でも、そんなに難しく考えないでも大丈夫。

まずは、あなたが理想とする「組織の未来」を、素直に考えて書き出してみてください。

書き出すことというのは、悩んで混乱している脳内をスッキリ整理させるので、考えをまとめるときにおすすめの方法です。

たとえば、あなたも自分の心のなかに、ふだんから「いつもこうありたい」というような考えや想いがありますよね。

それが、あなた自身の理念です。

同じように、組織においても「その仕事が何のためにあるのか」「どのようにみんなで働いていきたいのか」など、存在する意義や理想を〝見えるように、聞こえるように〟することが、メンバーに理念を浸透させ、心にとめさせるコツです。

一緒に働くメンバーの想いが同じであれば、自然とお互いをサポートし合うようになり、1人で問題を抱え込むことが減って、個々のパフォーマンスが向上する。

**その結果として、全体の大きな成長につながる――。**

これこそが理念をつくる〝最大のメリット〟だと言えるでしょう。

そう、理念の浸透とは**「描いた理想を現実にする」**ということなのです。

# 2 メンバーが自ら動き出す〝理念〟をつくる秘訣

## ■理念は組織にとっての「憲法」

メンバーが自ら動き出す〝理念〟――。

これをつくる際には、「心のルール」的なものを想像していくといいでしょう。

理念は「憲法」のように絶対に守るべきものという前提で、内容的には「組織が目指すもの、これだけは守るもの（ルール）」という〝組織の心〟のように考えると、つくりやすいうえにメンバーにも浸透させやすいと思います。

繰り返しになりますが、理念は組織を円滑に回すうえで最優先すべきルールです。

自分たちの目指すものを見失わないために、どの立場の人であっても守らなければならないもので、リーダーであっても理念を無視した行動は許されません。理念は組織というピラミッドの頂点に永続的に存在するもので、ある意味でリーダーよりも力をもっているものなのです。

## ■売上や利益より優先させるべきこと

では、具体的にどんな理念をつくったのか、私が経営している美容サロンを例にしてお話ししていきましょう。

**まず、理念をつくる際に必要な項目は少なくても3つ、多くても5つがいいと思います。**

2つ以下の場合、自分たちの目指す方向性のすべてを理念で表現することが難しくなるからです。

業種や部門によって理念の内容は変わってきますが、私の場合、次のように3つの理念をつくりました。

## 理念① 技術・接客・サービスにおいて〝地域一番店〟を目指します。

まずは、「自分たちが目指すところ」＝「美容サロンを運営していくからには最高のクオリティの技術とサービスを提供したい」「クオリティを維持するために、プロとしての自覚をメンバーにも常にもたせたい」という想いについて表現しています。

## 理念② 〝春のそよ風のような温かい気持ち〟で、すべての人を包み込む優しい心を大切にします。

これには私の思考ベースである「ものごとに対する考え方や価値観」を盛り込んでいます。

ほかの2つの理念に比べると、組織全体のことよりも「人としての心のあり方」を浸透させようという意図があります。

〝春のそよ風〟という表現を使ったのも、お客様や一緒に働くメンバー、かかわる周りのすべての人たちに対して、春のそよ風のように優しく温かく心地よくなるように、すべてを包み込む気持ちでいつも接してほしいという想いを込めているからです。

私自身、いつも〝心のあり方〟を大切にしていきたいと考えながら過ごしていることともあり、起業の際に会社名を決めるときも、Spring Breeze（スプリング・ブリーズ／春のそよ風）からとって「スプリーズ」と名付けています。

**理念③ お客様・従業員・経営者の〝全者が幸せになれる会社〟を目指します。**

ここには、「みんなが幸せになれる」組織をつくる決心を込めています。

会社経営や組織運営は、リーダー（社長）、メンバー（スタッフなど）、お客様（第三者）で成り立つものであり、この三者の〝幸せバランス〟を均等に保つことを常に意識するためにつくりました。

さて、そのうえでメンバーが自ら動く理念をつくる際に、業種や部門を問わず意識するべきなのは、以下の3つの要素だと考えています。

- いつも周りに思いやりの心をもてる
- わかりやすく共感されやすい
- みんなが幸せになる

これは私の体験から自信をもって言えることなのですが、このように売上や利益のためだけではなく、思いやりの心を込めたほうが、組織やメンバーも強く意識して行動することができます。

自分のために、そしてみんなのために、この想いを守っていきたい——。

このように心に響く理念をつくりましょう。

# 3 重視するのはスキルよりも人柄

## ■スキルの高い人材に見られがちな、ある欠点

一般的にリーダーの多くは、組織に必要なのは「スキルのある人材だ」と考えがちです。

でも、「理念」を浸透させるためには、高いスキルよりも〝組織の想い〟を受け入れられるような人間性が重要です。

もちろん、「スキルと人柄」の両方を兼ね備えていればいいのですが、完璧を求めるのは容易なことではないですよね。

組織の展望を中長期的に考えてみても、いい組織をつくるにはメンバーの「人柄のよさ」が本当に大切なのです。

たしかに、高いスキルをもったメンバーは、教育に費やす時間を削減できるので即戦力になるのも事実です。

**ただし、スキルの高さを自覚している人は、「自分の成績さえよければいい」「自分の足を引っ張らないでほしい」など、自己中心的な思考をもっていることが多いもの。**

〝自分の評価を上げるための目立つ仕事〟に関しては積極的に動くのですが、事務作業や雑用のような地味な仕事に対しては手を抜いてしまう傾向があります。

そうなると、必然的にほかのメンバーから不満が出てきて、組織内の雰囲気を悪くするということになりがちです。

と同時に、組織全体のことを考えることができないということは、他企業やお客様などの組織外への対応時にも、自分都合で動く危険性があります。

このように、いくらスキルがあったとしても、協調性のない人材が集まってしまうと、組織は円滑に回らなくなる危険性があるのです。

むしろ組織の人間関係を整えることに時間をとられることになって、何のための即戦力なのか、ということにもなりかねません。

■メンバーの人柄は、この質問で見抜ける

組織とは、人と人の集合体であり、そこには必ず人間関係が構築されます。

「ブレない組織」を維持するためには、スキルよりも人柄を重視することが大切だと私は考えています。

では、人柄のよさはどうすれば判断できるのでしょう？

私の場合は、面接時の質問に対して「嘘をつかず、誠実に答えているか」ということを1つの判断基準にしています。

人は事実ではないことを話すとき、真っ直ぐに見つめることができずに、「無意識に視線を右上（あなたから見て左上）に向けて考えながら話す」傾向があります。

ですから、相手が質問に答えるときには、そこをチェックしてみるといいでしょう。

また、「人の心理を用いた質問」を投げかけてみるのも効果的です。

たとえば、面接時に「同性で苦手なタイプはどんな人ですか？」と聞いてみてください。

このときに返答した苦手なタイプというのは、**〝本人が感じている自分のイヤな部分であり、抑え込んでいる部分を反映している〟**ので参考にするといいでしょう。

なお、次にあげる例については、とてもデリケートな内容なので、可能な場合のみ実践してみてください。

人が社会で人間関係をもつとき、その人自身の家族とのつながり方、とくに**「親との関係」**の善し悪しが影響することは多々あります。

もちろん、たとえ親との関係性に問題があっても、本人に前向きに乗り越えようとする気持ちがあればいいでしょう。

しかし、そうでない場合は、母親との関係性は〝女性への主観〟、父親との関係性は〝男性への主観〟になり、無自覚に自分の周りの人間に対してもそのような先入観で判断し、結果として人間関係においてトラブルを招きがちになるのです。

したがって、家族との関係性について質問するのは人間性を判断するうえでとても有効な方法の1つなのですが、デリケートな問題であるのも事実。

先ほど述べたように、こちらが投げかけた質問に**〝どれだけ誠実に答えてくれているか〟**が最も大切だということを忘れずに実践してみてくださいね。

# 4 新人の研修はリーダー自らが対面で行う

## ■私が初日に新人研修を行う理由

組織を運営していると、新人が入ってくることもあるでしょう。

新人に対しては、リーダーであるあなたが時間をつくって**「自ら研修を行う」**ことをおすすめします。

組織に新人を迎え入れるとき、人任せの研修のみになってしまうと、「聞いていた話と違う」「組織の理念を理解してくれていない」「基本的なことを把握していない」など、どこかに抜けが生じることが起こるからです。

私は、そのようなことを避けるためにも、新人の勤務初日には自ら研修を行うことを実践しています。

では、なぜ初日に研修を行うのでしょう？

一般的に新人の初日というのは、本人の頭のなかが仕事について〝フラットな状態〟です。

そのため、

「どんな組織理念なのか」

「これからどんな仕事をしていくのか」

「どのような気持ちで働いてほしいのか」

というような組織やリーダーの想いを、最初の段階で新人の心にしっかり植えつけやすくなるのです。

その意味でも、この初日の研修は、ぜひ実践するようにしてほしいと思います。

## ■これができるのはリーダーだけ

なお、私が行っている新人研修で、組織の理念以外に伝えていることは、次のようなものです。

●働くことについての心がまえ
●お客様に対しての心がまえ
●いい人間関係を築くための心がまえ
●プロとしての心がまえ
●電話対応
●挨拶の大切さ
●身だしなみ

初日に細かい点まで教えるのは「だいたい、こんな感じでいいよ」という大まかな教えでは、実際の業務にとりかかったときに、新人が「自分は何をどうするべきなのか」「どこまでがセーフティーラインなのか」と迷ってしまうからです。

組織を円滑に動かすためにも、

「社会人ならだれでも知っている、理解していることだから」

という固定観念は捨てて、〝これだけは絶対に守ってほしい〟ことは、リーダー自らの言葉でしっかり伝えていきましょう。

実際のところ、〝新人のときに経験したこと、心に残った言葉〟というのは、仕事を続けていくなかで自分の指針にもなります。

私たちが新人にしてあげられることは、安心して初仕事の一歩目を踏み出せるように、道を照らして、新人特有の不安定なメンタルをサポートしてあげることです。

これは、リーダーとして、とても重要な役割だということを認識しておきましょう。

# 5 理念は「見える化」してこそ意味がある

## ■どうすれば、みんなが同じ方向を向いて進むのか？

理念をメンバーにしっかり伝えているつもりなのに、なかなか浸透している感じがしない――。

**そんなときに有効なのが、理念の「見える化」です。**

理念を常に目に見えるようにすることは、自分たちが何をするべきか、どこに向かうべきなのかを明確にしてくれますし、組織内で共通の目的に向かって行動する意識づけにも大いに役立ちます。

具体的には、メンバーたちが組織の目指す方向性やイメージをしっかり捉えることができ、ビジョン（達成するための目標）、運営戦略、ルールに一貫性が生まれるということですね。

## ■「見える化」の方法はいくらでもある

では、理念の「見える化」は、どんな方法で行えばいいのでしょうか？

とても簡単で、すぐに実践できるのは、みんなの目に入りやすい、各オフィス内やトイレ、廊下、ロッカールームなどの壁に理念を貼り、常にメンバーの目に触れるようにする方法です。

あるいは、各々のパソコンの壁紙、もしくはSNSを運用している場合は、そこに理念を定期的に書き込むのでもいいでしょう。

さらには、朝礼や代表挨拶の場で理念を唱和したり、名刺に理念を印刷したりといったことも有効です。

人の心には、自分が頻繁に目にするものに興味をひかれ、親しみをもち、好きになっていく「ザイオンス効果（単純接触効果）」という現象があります。

理念を「何度も口にする」「頻繁に目に入るようにする」ことで、より大切にしていこうとする意識を生まれやすくするというわけですね。

ちなみに、理念の「見える化」のメリットは、みんなが同じ方向を向いて動いていくということだけではありません。

**じつは、組織の魅力のアピールや宣伝にも効果を発揮してくれるのです。**

たとえば、ホームページや広告媒体などを使って組織の理念をオープンにすることで、既存の顧客・取引先・株主のみならず、新規の顧客開拓、さらには人材採用の際において有利に働いてくれることが期待できます。

組織の理念を多くの人の目に見えるようにすれば、中長期的なビジョンや方針のアピールが効率よくできるうえに、より身近な存在に感じられて、親しみと信頼を得やすくもなります。

理念を「見える化」するだけで、このようなメリットが得られるのですから、あなたも実践しない手はないですよね。

# 6 常にリーダーからメンバーに与える

## ■与えるべきものは2種類ある

自ら動ける人材の育成には、「この組織のために働きたい」と思える環境づくりも重要です。

そのため、私は組織のトップリーダーとして、常に〝上から下へ与える〟という方法で人材育成を行っています。

大まかに言うと、次の2点です。

**【1】知識と自信を与える**

経験を積んでいけば業務にも慣れ、自分で仕事の流れをつかめますが、最初は知識が少なく右往左往することがありますよね。

とくに新人の育成においては、上の立場にある者が仕事内容や社会人としての知識を与えて、細かなケアをすることが大切です。

そんな観点から、私の会社では新人に担当者をつけています。

まだ慣れていない環境での心細さを1人で抱え込ませないために、いろいろなお世話を担う係をつくることで、業務内容や人間関係を築くための知識やスキルを身につけてもらうのですね。

さらには、できたことに対して認めてあげることで自信をもたせるのも重要です。

そのような接し方を続けることで、徐々に組織の戦力となっていくことでしょう。

## 【2】思いやりを与える

自分のことを後回しにしてでも、思いやりをもってだれかのために行動しようとする人は、周囲の人々に大きな影響を与えます。

この影響力こそが「リーダーシップ」です。

人を動かす立場としては「思いやり」の重要性を覚えておく必要があります。

組織のメンバー（部下、スタッフ）と話すときは、**配慮や期待、励ましの言葉**を一緒に伝えるようにしましょう。

たとえば、メンバーに期待を伝える場合は**「あなたにはこうなってほしい」「こうしたら、もっとよくなるよ」**というように話し、配慮する場合は**「困ったことがあれば、いつでも相談に乗るよ」「私もサポートするから」**といった言葉で励ましの声をかけるのです。

リーダーからこうした言葉をかけられると、部下であるメンバーは**〝認められている〟**と実感しやすくなります。

メンバーをきちんと認めて評価し、褒めている組織では離職率も低下すると言われることからも、人々がいかに〝仕事にやりがい〟を求めているかがわかりますよね。

## ■メンバーを褒めるときの7つのポイント

ここで、メンバーに対する褒め方のポイントをまとめておきましょう。

### ①具体的なことに対して褒める

客観的な事実をベースにメンバーの変化を褒めましょう。「今日は○件、営業ができたね」など、進捗や仕事ぶりを把握し、具体的なことを褒めるのがポイントです。

### ②行動に対して褒める

メンバーの行動や努力を褒めてあげましょう。

### ③結果だけではなく、過程も褒める

一生懸命頑張っていても、なかなか結果に反映されないこともあります。そんなときにリーダーが結果ばかりを気にするのはダメ。頑張った過程も褒めてあげましょう。

### ④ポジティブな言葉で褒める

「これができていないなんて……。まあ、ギリギリ合格かな」

このようにネガティブで否定的な言葉は、ポジティブな言葉をかき消すほどの力をもっています。ネガティブな言い回しで評価されてもストレートに伝わらず、脳内では否定として認識されてしまいます。褒めるときはポジティブな言葉を使いましょう。

## ⑤些細な変化を見逃さずに褒める

日々のちょっとしたことにも目を配りましょう。できて当然なことでも褒めることが大切です。「リーダーがちゃんと見てくれている」と感じられることでモチベーションが向上します。

## ⑥失敗したとしても、よかった点を褒める

たとえ結果がうまくいかなかったとしても、よかった点を褒めましょう。「今日はこがうまくいかなかったけど、お客様の反応はとてもよかったよ!」など、失敗を糧にして成長できる心を育ててあげましょう。

## ⑦何度も褒める

〝褒められる〟という成功体験を積み重ねると、メンバーは仕事をもっと好きになり、向上心が育まれていきます。褒めるべきことがあるなら、惜しまずに何度でも褒めましょう。

「認めてくれている」「見てくれている」「必要とされている」という感覚は、自己肯

定にもつながる大切なものなのです。

なお、ここで絶対にやってはいけないことは、知識や自信、思いやりを与える順番を間違えること。

**メンバー（下）↓リーダー（上）に与えるという順番はNGです。**

正しい順番である、リーダー↓右腕↓各部署のリーダー↓メンバーというように、上から下へ与えるのが正解。

リーダーが偉そうな態度をとっているために常にイヤな緊張感がある組織には、〝信頼と貢献心〟は生まれません。

その一方、メンバーに対して知識や自信、思いやりを惜しみなく与えるリーダーがいる組織は、互いに支える優しさと全体の包容力で、どんどん成長していけます。

あなたには、ぜひ後者のようなリーダーになってほしいと思います。

# 7 メンバーに自分自身や組織に対して誇りをもたせる

## ■メンバーがこんな状態の組織の未来は明るい

「仕事に誇りをもっていますか?」と問われたときに、あなたは何と答えますか?

もしくは、メンバーはどのように答えるでしょうか?

働いてくれるメンバー自身が、自分や組織に対して誇りをもつことができなければ、仕事に対する向上心やモチベーションが下がり、せっかく育てた人材を離職という形で失うという事態を招きかねません。


ですから、メンバー自身や組織に対して誇りをもたせる教育は、組織の成長のために必須。

自分の仕事に「やりがい」「誇り」を感じることができれば、メンバーは組織への一番の理解者となり、ともに成長できる人材となります。

仕事上のトラブルが起きても、それを乗り切ろうと自ら頑張る強固なマインドがつくられるでしょう。

では、どうすればメンバーに誇りをもたせることができるのでしょうか？

順に見ていくことにしましょう。

### ①「認められている」という実感を与える

「自分の存在が組織の役に立っている」と実感させることは、メンバーが自分や組織に誇りをもつキッカケになります。

リーダーは、仕事の結果だけを評価することはやめて、メンバーが成長している過程をしっかり評価し、組織にとって〝**必要な存在**〟であるということを言葉で伝えてあげましょう。

「あなたならできる！」

「あなたはすごいんだよ！」

「いつもみんなを笑顔にしてくれてありがとう！」

というように、**〝あなたのおかげで自分も組織も幸せ〟**という想いを伝えることで、メンバーは、課せられた業務を淡々とこなすのではなく、職場を「自己表現」や「自己実現」の場として考え、手を抜かずに仕事に向き合ってくれるようになります。

### ②成功を体験させる

メンバーの**「得意分野」**や**「適性」**を見極めて仕事に活かさせることで、成功を体験させましょう。

もちろん、苦手を克服させることも大切ですが、それには時間を要します。そうなると、メンバーが自信をなくしてしまう可能性も出てきますよね。

人はつらい経験よりも、成功体験を積むほうが自信をもて、成長スピードも早くなるもの。苦手を克服させる前に、まずはメンバーの得意分野を伸ばして自信をつけてあげて、組織や仕事に愛着をもってもらいましょう。

### ③メンバーと向き合う

リーダーには、常にメンバーの声に耳を傾け、きちんとコミュニケーションをとって、互いに尊敬し合う関係を築いていくことが求められます。

要はメンバーと向き合うことが大切なのですが、それには組織内で〝**共通の目標**〟をつくり、共有することをおすすめします。

たとえば、メンバーのモチベーションが上がるような〝**イベント**〟を実施することも、仕事や組織への誇りにつなげる効果があります。

表彰したり、ちょっとしたご褒美をあげたりなど、毎日頑張るメンバーを労う機会をつくることで、〝**メンバーの意欲を湧かせる**〟のもいいでしょう。

## ④〝組織の一員〟であるという一体感をつくる

リーダーが、組織の〝**素晴らしい部分**〟をしっかりメンバーに伝えて、そんな組織の一員であることを自覚させることも、メンバーとの一体感を生み出すコツです。

私が経営している美容サロンでは、

「接客対応」
「技術へのこだわり」

「商材へのこだわり」
「世間からの評価」
「職場環境のよさ」

など、同じ業種のほかのサロンと比較して、自分たちのサロンの優れている部分や魅力をスタッフたちに伝えています。

リーダーが、堂々と自分たちの組織の素晴らしさを伝えることで、メンバーたちはイキイキと自発的に働いてくれるようになるのです。

ただし、メンバーに誇りをもたせるということは、メンバーを自惚れさせることではありません。

よくない部分はしっかり叱りましょう。

褒めて叱れるリーダーは「自分でも努力を怠らない」「仕事のスキルがある」「ブレない精神」など、〝人としての魅力〟をもち合わせています。

メンバーの意見もしっかり聞いたうえで「○○は注意してね」「○○な点がダメ」「次はこうしよう」というように、叱っている意味を相手にもわかりやすく提示してあげて、次の一歩へとつなげられるように導きましょう。

教育において「褒める・叱る」は、本当にバランスが大事です。

**「9割褒めて1割叱る」**くらいの割合を守って実践してくださいね。

## ⑤感謝の気持ちを率先して伝える

この世界は人間関係で成り立っています。

さらに、組織というコミュニティでは密接に人と人がかかわるため、常に尊重し合える、お互いに感謝できる環境でなければ、じきに成り立たなくなります。

したがって、リーダーとしては全員でいい部分も悪い部分も共有し、助け合いの精神と感謝の気持ちを伝え合える環境をつくることが大切です。

「この組織にいられることが嬉しい」とメンバーに感じてもらうためにも、リーダーから率先して**「ありがとう！」**という言葉を使っていきましょう。

## 8

# 「心のあり方」について徹底的に教える

### ■メンバーの〝心のバランス〟をどう保つか？

リーダーが現場にいなくても円滑に回るようにするには、「メンバーの心がいい状態で安定している」ことが大前提です。

この心がいい状態になるには、「心のあり方」が大きくかかわってきます。

私たちは、仕事でも私生活でも「もっとこうしたい！」「なんでうまくいかないんだろう」と試行錯誤しながら、「よし！　明日も頑張ろう！」と気持ちを奮い立たせて、自分と向き合う毎日を繰り返しています。

とはいえ、さまざまなかかわりのなかで生きていれば、ときには心が不安定になったり、理念を見失ってしまったりといったこともあるでしょう。

その際、自分を奮い立たせて、乗り切る精神力を備えられるかどうかに影響するのが、その人の「心のあり方」なのです。

忙しくて体力的に疲れていても、心が元気であれば自分を大切にし、周りへの思いやりの気持ちも忘れずにいられますからね。


では、他人の問題や自分に起きた出来事によって心のバランスを崩さないためには、どうすればいいのでしょう？

それには、以下の２つのルールをメンバーに徹底させることをおすすめします。

### ①自分の一番の理解者は自分であることを自覚する

自分の心を守るには、自分を愛することが最も重要です。

自分のことを大切にできない人は、周りのことも大切にはできません。

たとえいまの自分が未熟であっても、その未熟さも認めてあげて、いまの自分ができることを伸ばしていけば自己肯定感が生まれ、周りにも優しくできる人になれます。

かくいう私自身、もともとは完璧主義に近いタイプで、自分のできない部分、足りない部分を見つけては自分を責めていました。

「もっともっと！」と上を目指していた私の心は、常に戦闘状態で強いプレッシャーを感じており、心が休まることがありませんでした。

そんな私でしたが、心理学で「人の心」について学び、自分のありのままを認めることで**「心は健やかに自由になれる」**ことを知りました。

そして、いままでは見ないふりをしていた、自分の弱い部分やカッコ悪い部分などを認めてあげられるようになったのです。

以前は、仕事などでミスをしたら、「こんなこともできないなんて、なんて自分はダメな人間なのだろう」と思っていましたが、いままでは**「こんなダメな部分もあって人間らしいよね。可愛いよね」**と自分を認めてあげられるようになりました。

人は自分と同じではないから、自分のすべてをだれかに理解してもらうことは不可能です。

**自分のすべては自分にしかわかりません。**

だからこそ、自分自身が自分の味方になって、**〝心のなかの自分〟**に親友のごとく寄り添うようにするのです。

これができるようになれば、視界がグッと開けてきます。

ぜひ、メンバーにも、このことを伝えてあげてほしいと思います。

## ②人の〝いい部分〟を見る

人は、自分の欠点ばかりに目を向けていると、周りの人たちの欠点もよく目についてしまうようになります。

仕事をしていれば、意見の相違など多々ありますよね。

でも、そんなときこそ、人の悪い部分ばかりを見るのではなく、〝いい部分〟に目を向けるようにしましょう。

①でもお話ししたように、自分の未熟さや欠点を認めて許し、自分のいい部分を見つけ、褒めてあげることができる人は、他人のいいところも見つけやすく、褒め上手になれます。

心理学に出会う前の私は、完璧主義者で自分を追い込むことが多かったと言いましたが、「褒められる」という点に関しては恵まれていて、小さい頃から親にたくさん褒められて育ったので、人のいい部分を見つけて褒めることには長けていたと思います。

親が褒めてくれる環境にあったので、私自身も人を褒めるということにまったく抵抗がなく、むしろ自然にできていたのでしょう。

**自分から人のよさを見つけられるようになれば、組織内の良好な人間関係にもつながり、互いを認め合える組織づくりができます。**

そのためにも、ぜひ日頃から **〝他人のいいところ探し〟** をすることを習慣づけるよう、メンバーを導いていってください。

大切なことなので繰り返しますが、リーダーはメンバーに対して、仕事や生きていくうえでの「心のあり方」を教えるのが大きな役割です。

それができれば、きっとメンバーは常に自分の心をいい状態に保てるようになるでしょう。

# 9 悪口は禁止、褒め合いは奨励

## ■メンバー間のトラブルを解決する秘策

いま、ネット社会において、他者から誹謗中傷を受けることで大きなストレスを抱える人が増えていることが問題になっています。

もちろん、ネット上の人間関係でストレスがたまった場合は、依存症でなければネットから距離を置けば解消できます。

**しかし、これが「職場の人間関係によるストレス」だったらどうでしょう?**

上司が解決してくれるのであればいいのですが、そうでなければ「会社を辞める」「他部署への異動届を出す」など、自分へのリスクが発生しますよね。

実際、離職理由の第2位にも「人間関係の悩み」がランクインしているほどです。

こんなことからも、リーダーとしては「相手に対して常に思いやりのある言動をする」いうルールを徹底する必要があることはおわかりいただけるでしょう。

ちなみに私は、心理学から学んだ知識を活かして、自分の会社に「悪口禁止」というルールをつくり、温和な人間関係を保つように徹底しています。

そもそも「悪口は伝染するもの」「悪口によって、人は印象操作されるもの」ですし、聞かされている側も不快な気持ちになりますよね。

イヤな空気がその場に広がり、一気に場の雰囲気を暗くしてしまいます。

そのうえ、その悪い雰囲気に流されてしまう人が出てしまいかねないなど、まさに「百害あって一利なし」というのが悪口なのです。

ちなみに「いつもだれかの悪口を話している」という人は「他人の目を気にしない」「自分の意見や感情がいつも正しい」「何に対しても感謝ができない」という特徴があります。

そして、何かイヤなことが起きるとすぐに悪口を言うため、組織内でもマイナスの方向にメンバーを巻き込んだり、ひどい場合は組織外にまで悪い影響を与えてしまうのです。

たしかに、人とかかわりをもてば、どうしても何かしらの問題が起こるもの。

そこで私の会社では、つらくなるほどの不満があるときは、同僚や後輩に相談するのではなく、必ず上司にあたる人間に相談して、上司が相談役・仲介役となって問題解決にあたるようにしています。

**私は、どの立場であっても、同じ組織で行動していくメンバーは〝家族〟のような関係であるべきだと考えています。**

仕事やメンバー内でトラブルが起きたときは、冷静に話し合い、理解を深めることが最善の方法です。

メンバーと一緒に考え、最後まで改善に努めましょう。

## ■この習慣で職場の雰囲気がグンと明るいものに！

悪口とは真逆のプラス効果があるのが**「褒め合い奨励」**です。

これは、モチベーションアップのために私の会社で実践しているルールです。

各リーダーには、メンバーの1人ひとりに1日1回は褒めるように指導しています。

- メンバーの能力を認めてあげる
- 性格や笑顔、ヘアスタイルなど、ちょっとしたところでも、具体的ポイントを褒めてあげる
- 「ありがとう」を言葉で伝える

みんながお互いを認めて褒め合うことは、個人の自信になるうえに、組織に笑顔があふれて、より頑張ろうという気持ちが大きく育ちます。

このポジティブな習慣は、いい雰囲気で助け合える環境をつくり、全体の活気を盛り上げる効果もあります。

だまされたと思って、一度試してみることをおすすめします。

# 10 社員教育は子育てと同じ

■ つい、「マイクロマネジメント」をしていませんか？

私のモットーの1つに、次のようなものがあります。

**社員教育は子育てと同じ意識をもって行う——。**

これは「組織=家族」という意識のもと、子育てをするように、愛情をもってメンバーを教育するということです。

組織のメンバーは、リーダーにとって我が子と同様。

親は、自分の子どもがやがて社会に出て、独り立ちできるように躾や教育をしていきますよね。

同じように、組織においても「自ら動き出す人材」というのは、勝手に育つものではありません。

子育てと同様、リーダーが責任をもって「人を育てる」ことをしていかなければならないのです。

たとえば、私が新人の勤務初日に自ら研修を行うこともそうですし、理念を「見える化」するのも、「心のあり方」を教えるのも、その一環です。

さらには業務、マナーについて徹底して指導するのも同様の考えからです。

ただし、説教のように叱ってばかりの教育や「マイクロマネジメント」のようなメンバーへの過干渉は絶対にNG。

ここで取り上げる「マイクロマネジメント」とは、リーダーや上司が威圧感をもって接し、部下であるメンバーの行動を細かくチェックして、頻繁に報告をさせたり、メールも常に共有させたりするなど、強制的に管理することです。

もちろん、メンバーが困っているときに手を差し伸べることは大切です。

しかし、過干渉や攻撃的な対応をすることは、明らかに悪い教育です。

メンバーが自分の支配下にあると考え、ふだんから上の権力を振りかざして、

●頭ごなしに叱る
●きつい口調で指導する
●自分都合で話し、毎回話す内容がブレる
●褒めることをしない

というような〝自己顕示欲を満たすための行動〟は教育ではないのです。

マイクロマネジメントのような管理をしていると、リーダーや上司の存在を鬱陶しく感じながらも、メンバーはされるがままで、ついには自分で考えることをやめてしまいます。

こんな社員教育では、モチベーションの低いメンバーを増やすだけ。自分の頭で考えることができなくなり、人に頼ってばかりで組織のために自ら動かなくなる恐れが出てきます。

誤解のないように言っておきますが、仕事上でのトラブルであったり、それ相応の問題が起きたりしたときは、しっかり注意をするべきです。
しかし、そんなときにも親のような気持ちで愛情と包容力をもって接することだけは忘れないでほしいのです。

さて、この章の最後に、私が推奨したい〝社員教育〟ついてお話ししておきたいと思います。

**それは、組織やあなたの理念をもとに、自分たちの未来について「こうなっていきたい」「こうしよう」と、希望を抱けるようにメンバーに向けて熱心に話すことです。**

そのうえでリーダーはメンバーの能力に対して、決して完璧を求めず、やってくれたことに対して**「感謝する」「褒める」**ことをしていきましょう。
きっとメンバーたちは加速度的に成長し、自ら動き出すようになるはずです。

# 第3章

# 〝マニュアル化〟と〝ブランディング〟で効率をアップさせましょう

## ――自動化のポイント②

# 1 伸びている組織の秘密は「仕事のマニュアル化」にある

## ■「自動化」を実現するうえで欠かせないステップ

伸びている組織が、全体の作業効率を上げるために取り入れているのが**「仕事のマニュアル化」**です。

「業績は少しずつ伸びている。でも業務量や残業も増えている……」
「作業効率を上げて業績を伸ばしたい！」
「環境はいいが、メンバーの働き方にメリハリがなくなってきている」

仕事のスタイルに関した悩みを解決するためには、作業のムダを省いて、体力・気力的にも消耗する長時間ワークを抑えながら、業務の質を上げることが必須です。

その意味で、この「仕事のマニュアル化」は、自動化を成功させるためにも不可欠なステップ。

この本のなかで例としてあげている私の美容サロンは、お客様に自分たちの技術とサービスを提供する仕事なので、

「電話対応・接客・技術・1日の雑務・クレームの対応法」

という一連の業務を完全マニュアル化しています。

そのおかげで、だれが対応してもレベルの高い仕事をできるようになっています。

メンバーによって仕事の質にバラつきがあるのは、組織にとっては大きなリスクとなりますし、自動化も進みません。

安心して任せるためにも、しっかりとしたマニュアルが必要となるのです。

## ■「仕事のマニュアル化」にはこれだけのメリットがある

ここで、「仕事のマニュアル化」で得られるメリットを具体的に見ていきましょう。

**【メリット①】業務の質の均一化**

仕事をマニュアル化することで、メンバーのスキルや経験でのバラつきを防ぎ、安定した成果やサービスを提供することができます。マニュアルにあるチェック項目な

どを有効活用すれば、人為的ミスを減らすことにもつながります。

**【メリット②】属人化リスクの解消**

先述したように「属人化」とは、特定の人間にしか業務の内容や工程がわからない状態に陥ることで、担当者の急な休みや退職した場合などに問題になるものです。

しかし、マニュアル化ができていれば、対応できるメンバーが増えるため、属人化のリスクを解消できることはもちろん、引き継ぎ作業もスムーズに行えます。

**【メリット③】業務の改善**

マニュアルがあれば、新人や経歴の浅いメンバーがわからないことがあっても、だれかに聞いたりする手間を省けるので、作業効率を最適化することができます。そうなれば、組織に余裕が生まれるので、これまでの業務においての改善すべきポイントも見つけやすくなり、組織の問題点を見逃さずに対処できるようになります。

**【メリット④】ノウハウの蓄積**

組織においては、そこで働く人たちの仕事のノウハウをしっかり共有していくことが大切です。マニュアルをつくることで、業務の流れ、そして自分やメンバーの経験を知識として蓄積できるため、今後の仕事にも活かせます。

**【メリット⑤】スピーディーな人材育成**

マニュアルに沿って安定した教育ができるため、早期の人材育成が可能となり、本来、人材育成にかかっていた費用や時間を軽減できます。

**【メリット⑥】客観的なデータ分析**

マニュアル化によってルールや基準が明確になるため、市場調査や顧客満足度の分析、組織内での人事評価をしやすくなります。

以上、「仕事のマニュアル化」には、さまざまなメリットがあります。

では、具体的にはどう「仕事のマニュアル化」を進めればいいのでしょうか？

次の項目から、順を追って詳しく説明していきたいと思います。

# 2 ベースの部分だけはリーダーが自らつくる

## ■マニュアルをつくる際の4つのコツ

「仕事のマニュアル化」は、組織を自動化するうえで、とても大切な軸となります。

したがって、マニュアルのベースは他人任せにせず、自らつくりましょう。

でも、いざ「マニュアルをつくろう！」となっても、具体的にはどうつくっていけばいいのか悩む人も少なくないはず。

ということで、ここでは「リーダーに役立つマニュアルづくりのコツ」を紹介していきたいと思います。

### ①スタッフを〝想像〟してつくる

私が業務を「マニュアル化」する際に心がけているのが、スタッフのことを〝想像”してつくるということです。

リーダーとして組織の理念はあっても、個人の理想だけを押しつけるようなマニュアルは、メンバーに浸透するどころか現場を混乱させてしまいます。

実際に、私も自分の理想とするマニュアルをテンション上げてつくってみたことがあります。

しかし、現場の流れを意識できていなかったために、メンバーにとって「使いづらい」「実現なんてムリ！」というマニュアルになってしまい、まったく活かすことができませんでした。

たしかに理想をもつことは大切ですが、「実際にできるのか？」ということを含めて、現場で動くメンバーの業務とのバランスを考えてつくりましょう。

## ②読み手側になって考える

読み手とは、マニュアルを読んで動くすべての人物が対象です。

そのマニュアルを読めば、だれでも必ず理解できるように、文章的にもわかりやすい内容にしましょう。

ベースは、**「です・ます」調**の丁寧な言葉遣い。自分で何度も読み返して客観的に見て、わかりにくい内容になっていないか確認することを忘れずに。

また、私の場合、マニュアルのなかで一番のポイントは、**「○○は□□のようにしましょう」**というように、大切な部分については**〝スローガン風〟**な表現にしていることです。こうすれば、現場で忙しく働くメンバーにも要点が伝わりやすく、大事なことをキャッチしやすくなります。

説明の個所はできるだけ**簡潔に、回りくどい表現にならない**ように心がけましょう。

マニュアルの説明を一見してつかみやすくするには、**図やイラストなどを活用**するのもおすすめ。ラインマーカーや色分けで、ポイントを際立たせるのもいいですね。

とにかく読み手にとって見やすいマニュアルをイメージして、伝えるべきポイントをはっきりさせるために、**項目ごとにブロック分け**するなどして、全員に伝えておきたい重要なポイントを入れていきましょう。

**③業務の全体像を明示する**

マニュアル化にあたっては、**「組織内の仕事の始まり→作業工程（必要な項目すべ**

て）↓仕事の終わり」まで業務の全体像が把握できることに加え、それぞれのメンバーがどのように動くべきなのか、ひと目でわかるようにしておくことが大切です。

そのためにも、マニュアルのベースをつくるリーダーは、組織の1日の仕事の流れをしっかり理解しておくことが必要なのは言うまでもありません。

## ④チェックリストをフル活用する

マニュアルをよりわかりやすくするために、「チェックリスト」を活用するのは、いまではかなり常識的ですが、まだやっていない場合は、ぜひ取り入れましょう。

とくに、毎日の動きのなかで変動のない業務をチェックリスト式にすれば、作業全体の抜けがないかをすぐに確認できるほか、業務上で困ったときにも、スムーズに対処しやすくなります。


以上、4つのコツを使ってマニュアルのベースをつくったら、次はメンバーにマニュアルの軸となる「理念」や「考え方」を伝えましょう。

具体的には、「なぜこの工程が必要なのか」など、仕事の意味や意義を理解できるよう説明していくのです。

マニュアルを扱う全員が、その意味や目的をきちんと理解できていれば、リーダーの指示を的確にキャッチして行動できるようになります。

さて、ここでとても大切なことを言っておきたいと思います。


**それは、自動化に「仕事のマニュアル化」は必要ですが、最初から完璧なものではなくても大丈夫だということです。**


まずは、ラフなマニュアルのベースをつくってみて、うまくいかないところがあれば、メンバーの意見を聞きながら、さらにつくり込んでいけばＯＫ。

あまりにも最初から完璧を求めすぎると、かえって柔軟性のない、硬直したマニュアルになってしまいます。

加えて、国内の経済や世界情勢によっては、組織の環境が大きく変化することもあるので、そのつど、アップデートして内容を最適化するという心がまえで臨みましょう。

# 3 マニュアルを単なるマニュアルだけで終わらせない方法

## ■「現場の声」、どこまで反映されていますか？

紆余曲折の末、ようやくマニュアルが完成した――。

当然のことですが、それで終わりではありません。

**なぜなら、マニュアルは、フル活用することで、初めて大きな効果を発揮するものだからです。**

いかにしてメンバー全員が意識して動けるようなマニュアルにしていくのか？

ここでは、単なる仕事のマニュアルだけで終わらせない、組織全体で大切に守っていけるようなマニュアルにするコツについて見ていくことにしましょう。

## ①「現場の声」をしっかり取り入れる

現場の意見をどれだけマニュアルに反映させているか？

これが、マニュアルの完成度を高める大事なカギとなります。

現場にとって実用性のない内容では、マニュアルが活かされることなど期待できないですよね。

毎日、現場で働いてくれているメンバーの声をマニュアルに反映して、優先度の高い業務から効率化していく――。

すると、それに伴ってメンバーの業務改善への意識が向上するうえに、**〝自分たちでつくったマニュアル〟**だと実感でき、スムーズに活用するようになるでしょう。

## ②できるだけ細かい部分にも気を配る

私が実践したのは、できるだけ細部にこだわったマニュアルづくりです。

「質のいいお店をつくるためには、まず何が必要か？」

と考えたときに、真っ先に**「質のいいマニュアルが絶対に必要」**だと思い、丁寧につくっていくことを心がけました。

メンバーたちにも、それぞれの性格、価値観、経験があります。

それを考慮に入れて、指示を細かくマニュアル化したことで、人による技術やサービスの質のバラツキを減らすことができました。

## ③マニュアルづくりに時間をかけすぎない

マニュアルをつくる際、どんな内容にしていくか、中身や方向性を決めずにいきなりとりかかってしまうと、大量の時間とコストがかかってしまいます。

マニュアルづくりの作業に割く時間が業務に支障を及ぼさないように、あらかじめ方向性とスケジュールを決めておくことが大切です。

## ④マニュアルの共有方法・管理方法を決めておく

マニュアルをつくったら、扱いやすさとセキュリティ面を考えて、「共有・管理をどのようにするのか」ということについて、最初の段階できっちり決めておきましょう。

## ⑤マニュアルを定期的にメンテナンスする

マニュアルの活用において、意外と放置されがちなのが「更新作業」です。

更新をしないと、現状の業務に対して内容がズレてしまったり、内容が古くて使えない状態になってしまったり、ということにもなりかねません。

それが続くと、いずれマニュアルの存在自体が忘れられて、惰性で働くメンバーが増える危険性すらあるでしょう。

マニュアルをつくったら、必ず定期的な見直し&メンテナンスを行ってください。

そして、どのタイミングでメンテナンスをするのかも、あらかじめ決めておきましょう。

**マニュアルは、組織にとって大切な〝資産〟です。**

マニュアルを単なるマニュアルのままで終わらせないためにも、ここでお話ししたことをしっかりと覚えておいてください。

# 4 常に仕事の「目的」を考える習慣を身につけさせる

## ■指示をしているだけでは人は育たない

メンバーが自ら動き出す――。

そのためには、日頃からメンバーにただ指示を出すのではなく、その「目的」を同時に伝えるようにしてあげることが大切です。

すると、メンバーのなかに自然と「向かうべきゴール（目的）」について考える習慣が芽生えてきて、自ら動くようになっていきます。

では、具体的にはどんな伝え方をすればいいのでしょう？

たとえば、営業チームのリーダーが、単に「どんどん営業をかけて売上を上げて！」と言っているだけだとしたら、それはメンバーにとってプレッシャーでしかありません。

もし、こんな声かけをしている場合は、即刻やめましょう。

営業の目的は、決して売上を伸ばすことだけではありません。

まずは、なぜ自分たちの営業が必要なのか、その目的を理解してもらうことが大切です。


したがって、営業においてリーダーがメンバーに声かけをするときは、

「私たちの仕事は、お客様がほしい商品を手にできる場を提供するためにある」

「お客様のことを思いやって、喜んでいただける商品を提案しよう！」

「営業力は人間力。営業を学ぶことで人間力も高まり、仕事だけでなくプライベートでのコミュニケーションにも役立てることができるんだよ」

というように、営業の目的や、自分たちにどんなプラスになるのかを伝えましょう。

きっと、メンバーのモチベーションも上がっていきますし、徐々に自ら目的を考える習慣が身についていくはずです。

## ■この力さえあれば、どんな時代でも活躍できる！

さて、こうしてメンバーが仕事の「目的」を考える習慣が身についたら、どのよう

なことが起こるのでしょう?

まずは、「目的」を考えることで、**「いまのニーズ(需要)」**が自ずと見えてきます。

そして、そのために何をすべきなのかがわかれば、業務を改善したり、新しいアイデアを生み出したり、自分の仕事に誇りをもてたりするなど、必ず仕事にプラスとなります。

**そう、目的を考えながら働く人は、仕事への誇りと情熱で組織を成長させる存在になるのです。**

いまは、あらゆる作業においてAIによる代行が進んでいますが、こんな時代だからこそ**「考える力」**は、人間にとって〝最大の武器〟になります。

ぜひ、この武器をもったメンバーをたくさん育てていってください。

# 5

# 集客力を高めるには〝ブランディング〟が必須

## ■ブランディングの種類は2つある

さて、ここからは組織の「ブランディング」について見ていくことにしましょう。

ブランディングには、大きく2つの施策があります。

**■アウターブランディング：**組織外（社会）に向けたイメージ戦略。組織（ブランド）に対して、お客様やユーザーからいいイメージをもってもらい、組織への信頼感や価値を向上させ、集客&収益アップにつなげるための施策を行います。

**■インナーブランディング：**組織内に向けたイメージ戦略。組織内のメンバーのモチベーションや結束力を高め、仕事に自信と誇りをもってもらい、成長できる組織をつくっていくための施策を行います。

この2つの施策があることを頭に入れておいて、ここではまず**「アウターブランディング」**についてお話ししましょう。

一般的に「ブランディング」の意味として知られているのは、アウターブランディングです。

では、このアウターブランディングをすることで、どんなメリットがあるのでしょうか？

**【メリット】社会的な信頼と、安定した集客&収益を得られる**

社会貢献になることを行ったり、クリーンなイメージを定着させるための戦略を立てたりするなど、組織の価値や認知度を高めれば高めるほど、ブランドに対するファンが増えていき、安定した利益を出せるようになります。

「〇〇のお店だから、毎週行きます！」

「〇〇製品なら絶対買うよ！」

という顧客（ユーザー）、なかでも常連客（ヘビーユーザー）を獲得できると、その人たちが自分の周りにも、いい口コミや情報を発信してくれます。

すると、そこからさらに、ブランドに興味をもってくれる次のお客様が現れるという流れが生まれて、どんどん集客できるサイクルができあがります。

このように、アウターブランディングが成功すれば、それ以降は多額の広告費や販促費を投入して集客活動を行わなくてすむのも、組織にとっての大きなメリットだと言えます。

## ■あなたの組織のターゲット層とコンセプトは？

次に、組織外にブランディングをするときに、何をするべきかを見ていきましょう。

ブランディングについてミーティングをするときに、まず決めておかなければならない事項は「ターゲット層」と「コンセプト」の2つです。

### ●ターゲット層を設定する

組織外へのブランディングは、しっかりターゲット層を決めることがとても重要です。どんな人に買ってもらうかで、商品・サービスの中身や方向性、広告に使うキャッチコピーなど、いろいろと変わってくるからです。

たとえば、男性向けの商品をアピールするなら、クールなデザインにする、女性向けの場合は、広告も高級感のあるエレガントな雰囲気でつくるなど、それぞれに違いをもたせます。

ターゲット層を設定することで、〝特定の層の人たちの心に響く〟商品・サービスを提供するためのマーケティングができるのです。

## ●コンセプトを〝可視化〟する

コンセプトとは、その組織（ブランド）が、

「どういう組織なのか」

「どのような価値を提供しているのか」

ということをわかりやすく言葉で表現したものです。

ブランドのイメージを多くのユーザーに浸透させるのに、とても役立ちます。

とくに効果的なのが、組織のロゴやシンボルマーク、テーマカラー、イメージボードの作成など、コンセプトを目に見える形で表現する〝可視化〟です。

組織のイメージにかかわる広告などは、自分たちのブランディングへのこだわりをしっかり反映していきましょう。

ちなみに私の美容サロンのコンセプトは「高い技術力とおもてなしの接客」です。

ブランドイメージに合わせて、お店の雰囲気をラグジュアリーな雰囲気で統一し、〝品〟を大切にしてブランディングしています。

さらには、高い技術力・こだわりの商材・お客様の目線で提供している〝おもてなしの接客サービス〟についても、ホームページ内で魅力としてしっかりアピールしつつ、実際にご来店されたときには、お客様の期待以上の技術・接客・サービスを提供することに努めています。

**組織にとってブランディングは必須戦略です。**

メンバーとのミーティングでもいろいろな意見を出し合い、真剣に、そして楽しみながらブランディングしていきましょう。

# 6 他社にない「強み」や「魅力」はこう見つける

## ■インナーブランディング、できていますか？

自分の組織の魅力を具体的な言葉で説明できる――。

これは、とても素敵なことですよね。

それに組織の魅力は、競合である他組織と差別化を図るためにも、ちゃんと把握しておきたいところ。

そこで、堂々と自信をもって伝えられる魅力を見つけるために、あらためて自分の組織を見直してみましょう。


ここで行うのは、「客観的な視点のインナーブランディング」です。

これは文字どおり、客観的な視点で組織の理念、環境、業務など、あらゆる情報を整理して、あらためて組織の魅力を知る方法です。

まずは、**「自分の組織」**について、

- どんな歴史があるのか
- どんな商品・サービスがあるのか
- どの商品・サービスに力を入れているのか
- 何を得意とする組織なのか
- 雇用や環境はどうなのか

など、全体をしっかり見直して把握しましょう。

組織を見直したら、次は自分たちの組織の**「強み」**や**「魅力」**を見つけていきます。

## ①ユーザーやメンバーの声に耳を傾ける

ユーザー（顧客・取引相手）が、自社（組織）の商品・サービスのなかで何を求め

ているのか、どういうメリットを感じ、選んでいるのかを分析しましょう。

ユーザーの視点は自社の強みを知るうえで欠かせない、とても重要なデータです。サービスを利用するユーザーの口コミや意見、そして、現場で働いているメンバーたちの声に耳を傾けることで、自社の強みとなるポイントが見えてくるはずです。

## ②業界や市場を具体化して競合を分析する

具体化して分析する方法は、起業やプロジェクトを立ち上げたりするときに、同じ業界にある競合との差別化を図るためや、ニーズ（需要）のある業界の隙間を狙うために、どの組織も必ず行っている手法です。

ここでの比較は、〝探している答えを見逃さない〟ためにも必要な作業です。

ほかと比べてみれば、自分たちがすでにもっている魅力を知ることができます。

さらに、自分の組織の魅力を開拓したい場合は、業界や市場の規模、ニーズを具体的にイメージして、

**「求められている商品・サービスは何か」**

**「業界がどのように成長していくのか」**

を分析することで、これから先に必要となってくる〝オリジナルの魅力〟が、より具体的に見えてきます。

ライバルが「業界最安！」「どこよりも安く！」を強みにしているとします。

それに対して、自社が価格競争では敵わないといった場合はどうしますか？

そんなときは、ライバルにはない〝付加価値〟をアピールしていきましょう。

たとえば、ライバルと比べて、自社の「商品やサービスの価格が高い」という場合には、

「サービスの質や商品のクオリティにこだわっているから価値がある（熟練の職人の技など）」

「どこよりも丁寧で高品質のサービスや商品を提供している」

「デザイン性が高い（オリジナリティの強み）」

「サポートが充実している」

という具合に、価格競争に陥るのではなく、自社ならではの強みをアピールします。

ほかにも、「これまでの実績」「資格やスキルをもったメンバーが在籍している」「賞を受賞している」など、自社ならではの〝付加価値〟はいろいろあるはずです。

ぜひ、それらを打ち出すことで、競合と勝負していってください。

### ③ペルソナとストーリーをつくる

ペルソナとは、商品やサービスを利用する〝架空のユーザー像〟のことです。

このペルソナを設定するためには、年代、性別、職業、ライフスタイルや価値観、人生観などをできるだけ詳しく考えていく必要があります。

ストーリーは、ユーザーの心を動かす強力なパワーをもった〝自社の物語〟です。ユーザーが商品やサービスに興味をもちやすくなるように、自社の歴史、創業者の歴史、製造や販売のこれまでに至る経緯や想いなどを、言葉で表現して広告やウェブサイトに活用していきましょう。

さて、ここまでのところでは、自社の強みや魅力の見つけ方についてお話ししてきたわけですが、私がここで一番伝えておきたいのは、外部へのアピールはもちろんのこと、「内側からの自信と誇りが何よりも大切」だということです。

●いい環境で仕事をする
●誇りをもって取り組む
●組織のみんなでしっかり支え合っていく

他社にない魅力というのは、このようにリーダーやメンバーたちの〝自己肯定感〟が高くなれば、自然と自覚できるものです。

**自信と誇りをもっていれば、「もっとよりよくしていこう」というモチベーションが高まります。**

結果として、内側から輝き、社会からも一目置かれるような自信と結束力に満ちあふれた組織になることは間違いないでしょう。

# 7 口コミ、SNSの効果的な利用法

## ■お客様は、こんなところに注目している

いま、口コミやSNSを活用したマーケティングが注目されています。

その理由は、これだけインターネットが普及したことで、人々の〝消費行動に与えるネットの影響力〟が非常に大きくなったことにあります。

初めての商品やサービスの利用を検討しているときに「何が決め手になったか？」という質問に対して、次のような回答データがあります。

● インターネットやSNSを見て購入した経験がある――9割超
● 購入する前に口コミをチェックする――7割超
● SNSなどでの口コミ評判――3割超

これだけの影響力があれば、もはや無視できないですよね。

**そのなかでも「口コミ」は、商品やサービスを購入する際の決め手として、多くの人が必ず参考にしているカテゴリーです。**

だからこそ、私も「口コミ」を重要視するようにしています。

お客様にとって、口コミを書くというのは本当に手間がかかる面倒な作業です。

「お店の対応、接客、サービス、技術などに対して本当に感動した」

「対応してくれたスタッフに感謝を伝えたい」

「本当にいい会社だと思ったから、それをみんなに知ってほしい」

というときにしか、積極的に口コミを書こうとは思いません。

そのため、私の美容サロンでは、お客様にいい口コミを書きたくなる気持ちになっていただくために、メンバーには常に礼儀やサービスの心遣いだけでなく、お客様の立場を意識して接客するように指導しています。

なお、口コミへの対応については、あまり気にしない組織が多いかもしれませんが、口コミに対する「返信」にも手間をかけることが大切です。

**なぜなら、お客様はその会社やお店に対しての口コミを書き込むだけでなく、口コミに対する返信にもよく目を通しているからです。**

口コミへの返信を見れば、その会社やお店がどんな対応をしているのか、どんな雰囲気の組織なのか、ほぼわかってしまいます。

お客様への姿勢や言葉遣いは当然のこと、口コミに対して、どれだけ丁寧に心を込めてくれているか、返信内容から伝わる情報量はとても多いのです。

口コミへの対応もブランディングの1つとして、丁寧な対応にこだわりましょう。

また、もし悪い口コミがあった場合も、放置してはいけません。

何も言わずに去っていくお客様やユーザーが多くいるなかで、口コミで直接、指摘してもらえることは、むしろ感謝すべきことです。

お客様が不満に感じたことについて、しっかり受け止めて改善し、二度と同じような口コミが入らないように、組織全体で情報を共有しておきましょう。

悪い口コミを通して〝会社をよくする機会を与えてもらえた〟と感謝できる心をもっていることが、成長する組織の特徴でもあるのです。

## ■SNSを活用するときの注意点

最近は、インスタグラムやフェイスブックなどのＳＮＳを活用する組織が増えてきているようです。

たしかにＳＮＳの影響力は無視できないものになってきていますからね。

その意味でも、ＳＮＳは「会社やお店のカタログ」だと思って力を入れましょう。

まず注意しておきたいのは、全体的に会社やお店の自己満足のような内容にしてはいけないということです。

たとえば、掲載する写真については、お客様が見たときに「この店に行きたい！」「この会社のサービスを利用したい！」とワクワクして、テンションを上げてもらえる写真かどうかという視点で決めていきましょう。

その気持ちは、きっと見てくれたお客様に届きます。

「会社のカタログをつくる」という意識と自覚をもって、お客様に**〝自分たちの魅力〟**を伝えられる写真を選びましょう。

次に、写真に併せてSNSに載せる文章は、写真と同様にお客様に**「利用したい」**と思ってもらえる内容を意識することが大切です。

**SNSを見ている人は、文章の内容や書き方などから、その会社やお店を想像して利用するかどうかを決めています。**

「SNSを使ったブランディングは、常に外からの視線を意識すること」を念頭に、手を抜かずにしっかり進めていきましょう。

## 8 「丁寧につくる・伝える・チェックする」のサイクルを回そう

### ■こんなときこそリーダーの出番

ここまでのところで、「ブランディングには、アウターブランディングとインナーブランディングの2つがある」とお話ししてきました。

とはいえ、いずれの場合であっても、「どれだけ丁寧にこだわってつくるか」「そのためにどれだけしっかり伝えて、どれだけ厳しくチェックするサイクルを守っていくか」という本質の部分が大切なのは同様です。

では、このサイクルは、だれが回すのがいいのでしょうか？

私は、基本的にはリーダーだけでなく、メンバーたちも積極的にかかわったほうがいいと考えています。

メンバーにもブランディングに臨んでもらうことで、**「自分が組織のイメージを担う一員である」**という認識をもってもらえますし、何よりも自信につながりますからね。

**ただし、練り上げたブランディングがきちんと機能しているか、最終チェックは必ずトップであるリーダーが行いましょう。**

私の美容サロンでも、自社のブランディングにかかわる広告から口コミの返信、写真の選定まで、最後は必ず経営者である私がチェックしています。

どんなに忙しくても、どんなに小さなことでも、チェックを疎《おろそ》かにしないのは、**「お客様とのつながり」**こそが、私たちの組織を成長させてくれるからです。

この〝成長〟がなくては、組織の繁栄はあり得ません。

怠けたり疎かにしたりすると、それがしっかり後で自分に返ってくるのです。

「最近〇〇は、ユーザーの気持ちがわかってない！」

「〇〇のサービス、もっとこうだったらいいのに……」

「前のほうがよかった」

このように、どこかを少しでも疎かにしたことで出てきた不満が増えてしまうと、信用を取り戻すのが本当に難しくなります。

組織にとってブランディングとは〝シンボル〟です。

**「丁寧につくる・伝える（内外へアピールする）・チェックする」のサイクルは、いつも抜けがないようにしましょう。**

ブランディングと向き合い、「お客様の声」をしっかり受け止めて、魅力の伝え方をブラッシュアップさせる。

組織内や社会との信頼関係を築き、守り続ける。

地道なことの積み重ねが、やがて大きな財産になるという信念をもつ――。

このことを心にしっかり刻んでいれば、ブランディングにかける想いはいっそう強いものになることでしょう。

# 第4章

# あなたが心から信頼できる〝優秀な右腕〟を育成しましょう

## ——自動化のポイント③

# 1 優秀な右腕さえいれば、リーダーがいなくても組織は回る

## ■リーダーにとっての最優先事項

この章では、「自動化」の3つ目のポイント、「優秀な右腕の育成」について見ていきます。

「右腕」とは、いわゆるナンバー2の存在のことです。

リーダーの分身となり、実際に現場を回す重要な立場。

ですから、「リーダーが現場にいなくても、ナンバー2がいてくれるから現場は大丈夫！」と、リーダーやメンバーから信頼される存在でなければいけません。

「右腕？　それだけで組織がうまく回るわけがない！」

と、あなたは思われたかもしれません。

自分のやっている仕事を、自分以外の人間に任せるとなったら、真っ先にリスクを

考えてしまいますからね。

ただ、そこでリスクを考えてばかりでは、何も前に進めることができないのも事実。

かくいう私自身、自分が現場につきっきりだったために、

「事業を拡大するのにも時間がとれない」

「私の指示がなければメンバーが動かない」

「組織の改善など、これからの成長に使う時間がつくれない」

という苦い経験をしてきました。


**そう、現場を任せられないためにリーダーが忙しすぎる状況というのは、組織にとってはマイナスでしかないのです。**


そのことに気づいた私は、あるときから右腕の育成に取り組みました。

するとどうでしょう？

右腕がいることにより、それまでのように現場のことで仕事に時間を割く必要がなくなり、業務や組織全体をより客観的に見ることができるようになったのです。

もちろん、自分の右腕をつくるには、その部下を心から信じることが必要ですし、右腕になるまでにはそれなりの時間もかかります。

でも、右腕を育成することは、組織の未来にいい影響を与えるための〝準備期間〟のようなものなので、私は苦労だと感じることはありませんでした。

そもそもリーダーには、組織の成長戦略を考えることや、数年後、数十年後の未来への投資など、リーダーにしかできない仕事があるはずです。

それをしたいのに、現場にいなければ仕事にならないという状況のままでは、成長など望むべくもありませんよね。

成長している企業を見ても、その大半が人材育成を重要視して、早期に右腕となる人材を育成するシステムを導入している傾向があります。

ですから、私は自信をもって断言します。

「右腕」がいれば、リーダーがいなくても、きちんと現場は回せる、ということを。

「全部、自分がやらなければ」と悩むのは、もうおしまい。

信じ合える人間関係をつくるためにも、〝仲間〟に委ねましょう。

なお、これから右腕を育成するにあたって、まず心得ておいてほしいことが１つあります。

**それは、右腕に対しては、自分の部下というよりも〝パートナー〟という意識をもち、権限も同等に与える、ということです。**

組織の命運を左右するような重要な意思決定はともかく、現場での即時対応のためには、右腕自身も自分の判断で動けるようにする必要がありますからね。

さらには、そうすることで自然と**「自ら動き出す」**風土が生まれてくることも期待できます。

優秀な右腕は、必ず組織とあなたにとって、心強い味方になってくれるのです。

# 2 右腕になれる人、なれない人の見分け方

## ■検討するうえでは「さまざまな切り口」がある

前の項目では「右腕」の重要性についてお話ししたわけですが、もちろん、だれでも「右腕」になれるわけではありません。

当たり前のことですが、リーダーの右腕になる人にも「向き・不向き」があります。

ここでは、どんな人が右腕に向いているかを説明していくことにしましょう。

### ①自分との相性がいい

まず、自分の右腕を育てるうえで大切なのが、〝人として好きかどうか〟です。

どんなに「仕事ができる人」であっても、〝生理的に受けつけない〟〝人間的に何か合わない〟という相手とは、うまくいかないケースがほとんどです。

「仕事上のことなのだから、能力さえあれば関係ない」と考えるリーダーがわりと多いように感じますが、「人対人」のことなのですから、やはり相性があります。

これまで一緒に働いてきて、そして自分の部下としての働きを見てきて、あなたの直感やフィーリングでどう感じるかということで見極めていきましょう。

## ②素直で誠実な人柄、人好きな性格である

これは新人を採用するときと同じですが、〝素直で真面目、誠実な人柄〟であることが大切です。

スキルだけが優れた人を選んでしまうと、人間関係に支障が生まれやすくなります。とくに人と人との距離感が近い中小規模の組織には、あまり適合しないと言えます。

また、リーダーとメンバーの橋渡し的な役割を担う右腕は、〝人が好き〟であることも重要です。

人間関係を円滑にできる性格でなければ、リーダーとメンバーのパイプ役はかなり重荷になってしまうからです。

### ③あきらめない粘り強さがある

組織に属しているなかで、過去に大きな壁を乗り越えた経験があるか？

これは、現場を任せるのに適した人材を見つけるための要素として、とても参考になるものです。

会社などの組織では、いつ困難な問題が起きてもおかしくありませんよね。

そんなとき、粘り強く問題に取り組んで解決していく気質がなければ、右腕としてやっていくのは、かなり難しいと言わざるを得ません。

どんなに困難な状況を目の当たりにしてもあきらめない気持ち、強い精神力のもち主かどうかも見ておきましょう。

### ④考え方に柔軟性がある

〝考え方に柔軟性がある〟とは、自分の意見をすぐに変えたり、人の意見に左右されたりするということではありません。世の中の流れを読んで、新しいことを取り入れて、現状を改革していくことを苦痛だと思わないことを指します。

仕事が不調のとき、自分の思い描いている結果と異なったときでも、臨機応変に対応できるのも柔軟性のある人の特長です。

右腕にする人材を選ぶ際には、同じ仕事や決まった作業の流れを繰り返すことに終始するのではなく、"組織のために攻めの姿勢をもてる"人だと、さらにいいでしょう。

## ⑤リーダーに意見ができる、本音を言える

右腕は、ただリーダーの指示を現場に伝えることが仕事なのではありません。現場の状況や改善点、それに伴う意見を忖度《そんたく》なくリーダーにきっちり伝えられる。自分の頭で考え抜くことができ、リーダーと意見が違う場合であっても、組織のために意見ができる。

さらには、リーダーと本音を言い合える――。

これは、右腕としての必須条件です。

リーダーに対して、立てるところはしっかり立てながらも、自分の意見を言える人物は、現場の人間関係のトラブル時にも、双方の意見を聞いたうえで解決に向けて動くことができます。

その反対に、組織のナンバー2が、ただのイエスマンでは、組織の成長や問題点の改善を妨げてしまうことになります。イエスマンは絶対に避けましょう。

### ⑥ポジティブ&フラットである

仕事への取り組み方、考え方がポジティブ＆フラットであることも大切です。

先を見て考えられる〝未来志向型〟の人は、常に**「いま、何をすべきなのか」**を考えて行動し、組織にも仕事にもプラスの影響を与えてくれます。

また、偏見がなく、ものごとをフラットに見ることができるかどうかも重要。

過去の成功や失敗にとらわれず、偏見で決めつけをしないことは、組織内でトラブルを生まないためにも重視したいポイントです。

### ⑦感情のコントロールができる

「感情のコントロール力」をもっているのも優秀な人材と言えます。

〝折れないメンタル〟をもっている人は、危機に面したときにも冷静に対処ができる**「ピンチをチャンスに変える能力」**を秘めています。

すべての要素を、相手ではなく、組織を優先して考えられる人物を選ぶことが大切なのです。

### ⑧理念を理解し、愛着をもっている

最後の重要ポイントは「理念を理解し、愛着をもっている人物」であるかどうかです。

**組織における理念とは、リーダーよりも上にある絶対的な存在で、必ず守るべきもの。**

その組織の理念をしっかり理解して愛着をもち、同じ組織で働くメンバーのことを常に大切に思うことができる人物は、そこまでの愛があるからこそ、組織やリーダーの力となって頑張ってくれるのです。

いかがでしょう？

あなたの周りには、これらの条件に当てはまる人がいるでしょうか？

ここで取り上げたことを参考に、ぜひ優秀な右腕を見つけてください。

# 3 どんなときも右腕のピンチを全力で助けるリーダーでいよう

## ■こんな声かけが右腕の心を開く

私は、同じ目標に向かってともに走り、成長するメンバーたちを、家族のように考えています。

もちろん、それは右腕に対しても同様です。

そして、そんな想いがあるからこそ私は、自分の美容サロンの右腕が仕事やプライベートで悩んでいるときには**「傾聴の心」**を大切にするようにしています。

傾聴するとは、相手の話に注意深く耳を傾け、たくさん話を聞いてあげることです。

右腕が元気になるための時間や労力は絶対に惜しみません。

何時間でも話を聞くようにしています。

何しろ、右腕は現場で私の代わりとして働き、仕事面でのプレッシャーを常に感じていますからね。

あなたも、右腕にはたくさんの愛情をもって接し、いつでも味方でいてあげてください。

また、ときには右腕も、プライベートの問題で悩むこともあるでしょう。

プライベートの悩みというのは、仕事上の仲間には相談しづらいもの。

「自分のプライベートまで話せない」

「こんなことを相談するのは恥ずかしい」

「相談しても、どうせ何も解決しない」

というように、躊躇してしまうのですね。

とくに相手がリーダーだったら、なおさらです。

いくら良好な関係であっても、リーダーは常に忙しいことをわかっているので、自分から悩みを相談することはなかなかできないでしょう。

**そこでリーダーに求められるのが、日頃からの「声かけ」です。**

こちら側から右腕にさりげなく声をかけ、いつも話しやすい雰囲気をつくってあげましょう。

些細なことでも、リーダーから直接、「大丈夫だよ」「こうすればいいんじゃない？」「いつでも相談にのるよ」という励ましや、ちょっとしたアドバイスがもらえるだけでも、右腕は大きな安心感が得られます。

やがて、「自分には、私のことを大切に思ってくれている人がいる！」と心強く感じ、不安や悩みを相談してくれるようになるはずです。

右腕の存在は、組織にとってもリーダーにとっても必要不可欠な存在。

**だからこそ、ストレスや不満を抱えがちになるので、右腕にはとくに気を配る必要があるのです。**

また、ときにはあなたからあえて少しだけ〝弱み〟を見せて、右腕から話しやすくなるような隙《すき》をつくってあげるのもいいでしょう。

たとえば、「これ、自分も失敗しちゃったことがあるんだよ」など、ちょっとした失敗談でいいので、ネガティブにならない程度に上の立場から弱みを開示するのです。これは、「自分にも弱みを見せてくれるんだ。この人なら信頼できるかも……」と、警戒心をほどかせる働きがあります。

いざ、右腕があなたに悩みを相談してくれたときの〝**聞き方**〟も大切です。

具体的には、あなたの〝**短い相槌**〟があると、とても効果的です。

「うんうん」「へー」「そうなんだ」「なるほど！」など、相槌をこまめに入れることで、自分の話を関心をもって聞いてくれているように印象づけることができます。

**右腕は、あなたにとって、かけがえのない存在です。**

どんなときも右腕を全力で助けられる、支えらえるリーダーであるために、あなたに心境を吐露《とろ》しやすい環境、関係性をつくっておきましょう。

# 4 権限はどこまで与えるべき？

## ■人は任されるからこそ成長できる

信じて任せる――。

これは、右腕を育てるために一貫して重要な考え方です。

リーダーの右腕として、代わりに現場を任されているのに、その場で判断が必要なときでも「この件については、リーダーの決定待ちだから保留！」などということが頻繁に積み重なれば、業務が滞ってしまいますからね。

**そんなことから、私の美容サロンでは、右腕にはほぼすべての権限を与えています。**

新しいサービスメニューの開発も任せていますし、店舗のスタッフ育成から人員配置、商材の購入などの重要な判断まで、すべてといっていいほど一任しています。

自分の分身として動いてもらうからこそ、右腕にも会社のお金に関することも9割近くは把握させており、いつも**「自分が社長だと思って仕事をしてね！」**と声をかけてもいます。

実際、右腕を信じて、その判断に任せて経験を積ませることは、右腕の成長のためにはとても大切です。

そうやって、プレッシャーだけではなく、右腕を信じて可能なかぎり権限を与え、リーダーの分身として楽しくしっかり仕事をこなしてもらえば、結果的に業務の効率アップにもつながります。

ただし、同等の権限を与えてはいますが、**「報告・連絡・相談」**は、どんなに些細なことでも行うようにしっかり義務づけています。

何かがあったときの責任は、トップの人間が負わなければなりませんからね。

また、リーダーがいなくてもうまく現場が回るようにするためには、右腕がリーダーとメンバーの**「調整役」**の役割を担うことも大切です。

たとえば、右腕がリーダーに代わって現場のメンバーと交渉などを行う際には、

「リーダーや会社の考えは○○だから、そこは理解してね」

というように、リーダーとメンバーの間に右腕が入り、丁寧に説明するのです。

リーダーとメンバーの間に右腕をはさむことは、いわば相互のクッションになるということでもあります。

そのため、大変な交渉などもまとまりやすくなるのです。

## ■この覚悟があるリーダーは本当に強い

先ほど、私の場合はほぼすべての権限を右腕に与えているとお話ししました。

ただ、いきなりそうしているわけではありません。

まず、経験の浅い右腕に対しては、「この仕事がどうして必要なのか」「どういった点に注意したらいいのか」など、具体的な指示を与えるようにしていました。

最初からすべてを任せるのではなく、段階を踏んで権限を与えていくわけです。

ここで気をつけたいポイントは、リーダーからの指示が明確でないと、右腕の能力が発揮されず、かえってプレッシャーだけを背負わせてしまうということです。

右腕としての合格ラインに育つまでは、わかりやすい指示を出すことを心がけましょう。

そうすれば、右腕にしてもリーダーの知識をしっかり学ぶことができるだけでなく、自分の立場を受け入れる心の準備もできることでしょう。

**そして、「ある程度、成長してきたな」と思える段階まできたら、多少の心配や不安があっても、できるだけ手を貸さないように見守ることが大切です。**

右腕の働きを見ていると「ちょっとやり方が甘いな」「あともう少しだな」と感じたり、ついつい口を出したくなることがあるかもしれません。

でも、そんなときに黙って見守ることが、結果的に右腕の糧になるのです。

右腕の育成は、最初から完璧を目指すのではなく、多少の荒削り感には目をつぶり、よほどのときだけ手助けすることをモットーにしていきましょう。

さて、こうして右腕が成長してきたとします。

しかし、いくら右腕に現場のことを任せるようになったとしても、最終的な仕事の結果については、リーダーが責務を負うのが大前提です。

**「責任は自分がとる」という大きな器量をもって、右腕に任せるようにしましょう。**

そして、右腕に権限を与えて任せたら、その頑張りや結果に対しても、しっかり**「評価」**してあげてください。

結果が出ても出なくても、同じ評価や処遇だというのでは、右腕だけでなくメンバーたちのやる気・モチベーションも保てません。

ちょっとしたことでも評価することは、リーダーの責務の1つとして実践しましょう。

# 5 右腕からの「愛情と尊敬のバランス」がとれたリーダーになろう

## ■あなたは、どんなタイプのリーダー？

現場において、組織のリーダーとほぼ同等の権限を与えられる右腕。

でも、組織のトップはあなたです。

現場を右腕に任せたからといって、リーダー交代というわけではありません。

リーダーが現場から離れてしまうと、その存在感が薄くなってしまった例をたまに耳にしますが、それは右腕からの「愛情と尊敬のバランス」がとれていないからだと私は考えています。

「このリーダーについていきたい！」

「この人のために力になりたい！」

と右腕に思われるには、愛情と尊敬の両方の感情がとても大切なのです。

**【愛情は感じるけど尊敬されないリーダーの場合】**

「あのリーダーは仕事ができなくて尊敬できない。でも、いつも自分のことを考えて大切にしてくれているから、支えてあげようかな」

この場合、右腕はとりあえずリーダーについてくるかもしれません。

しかし、リーダーのことを完全になめてしまい、ちゃんと指示を聞かなくなる可能性があるうえに、組織に対する将来性も感じられないので、辞めてしまうリスクも高くなります。

**【尊敬はしているけど愛情をもてないリーダーの場合】**

「あのリーダーは冷たくて人間的には好きではないけど、仕事のスキルはピカイチで尊敬できるからついていこう！」

このケースも、リーダーについてきてはくれます。しかし、そこには温かい心のつながりはなく、右腕が長く勤めてくれる可能性は低くなります。

## ■人はこんなリーダーにこそついてくる

さて、2つの例をお読みになって、どう感じられたでしょうか？

**大切なのは、右腕にとって常に「愛情をもてて、かつ尊敬できるリーダー」であることです。**

つまりリーダーは、右腕にとって憧れの存在でいられるように、常に自分のスキルを磨くのと同時に、思いやりを意識する必要があるということです。

逆に言えば、右腕は愛情をもてるからリーダーを心から慕い、尊敬できるからこそリーダーの言葉をしっかり聞いて、誠実に右腕としての役割を務めようと思えるのです。

と、偉そうなことを言っていますが、じつは、私の美容サロンの専務取締役が右腕になる前に、一度、右腕の育成に失敗した経験があります。

その右腕は、とても性格の優しい女性で、年齢も同い年で距離感も近く、いつしか友だちのようになっていきました。

でも、それがいけなかったのでしょう。

私が甘えすぎてしまったのです。

徐々に彼女は、上司である私に対して、尊敬ができなくなっていったようでした。

彼女が「尊敬していた社長は、こんな程度だったのか……」とまで思ったかどうかは定かではありませんが、結局、独立してしまったのです。

右腕に対して、たまに甘えるのはいいのですが、やはり甘えすぎは相手にとって負担になり、尊敬できなくなってしまうことにつながるのでしょう。

この感覚は、少し恋愛にも似ているのかな、と思います。

こんな経験をしてきた私ですが、〝礼儀〟や〝思いやり〟の気持ちは常に意識して伝えてきました。

リーダーも右腕も、みんな完璧ではありません。

**だからこそ、リーダーのあなたがミスや問題を起こしたときには、スルーせずに認めて謝ることが大切です。**

そんなリーダーの姿勢を見た右腕やほかのメンバーたちは、**「自分のことを大切に思ってくれている」「誠実なリーダーだな」**と感じてくれますし、そもそも「ごめんね」や「ありがとう」という言葉は、何よりも心にわかりやすく響きます。

立場に関係なく、必ず伝えるようにしましょう。

**リーダーは、仕事においても人間性においても、愛され尊敬される存在でいられるように、自分を律し、努力していかなければいけません。**


「いつもリーダーは成長している！」

「人としてカッコいい！」

「いざというときは守ってくれる！」

このように人として魅力的なリーダーに右腕はついていきたいと思うものです。

あなたは、どんなリーダーについていきたいですか？

それを考えれば、自ずと**〝愛情と尊敬のバランス〟**がとれたリーダーになっていくことでしょう。

## 6 右腕のやる気に火をつける〝魔法の言葉〟

### ■「言葉」には想像以上の力がある

右腕のやる気（モチベーション）に火をつける——。

心理学者のアルフレッド・アドラーは、人のやる気を高めるには「〝貢献している〟気持ち＝貢献感」を満たすことが大切だと説いています。

つまり、このだれもがもっている「貢献したい気持ち」を利用すれば、右腕のやる気をどんどん起こさせることができるのです。

では、どんな言葉が効果的なのでしょうか？

さっそく見ていくことにしましょう。

① 「役に立っている」「ありがとう」

仕事を通じて「人の役に立ちたい」と思わない人はいないでしょう。

だれかの役に立っていると信じているからこそ、もっと頑張ろうと思えますよね。

「この仕事は多くの人の役に立っているよ。ありがとう！」

「いつも頑張っている姿を見ているよ。ありがとう！」

と右腕の仕事ぶりを認めて、きちんと褒めてあげましょう。

## ②「いいね！」

やる気を失わせないためには、右腕の意見に対して、**「否定」をしない**ことが大前提です。

意見を聞くときは**「それいいね！」**と、まずは右腕の考え方や主張をしっかり受け止め、尊重することが大切です。

そのうえで、もし足りない部分があれば、

「それなら、もっとこういうやり方もできるよ！」

とアドバイスしましょう。


自分の意見に「いいね！」と声をかけてくれるリーダーは、「自分たちを理解しようとしてくれているんだ」と好印象をもたれるでしょう。

また、右腕のアイデアを褒めるのもおすすめです。

**「そういうやり方もあるね！」**

**「よく思いついたね！」**

という具合に、自分なりに考えたことが「組織の役に立っている」と言ってもらえたら、きっとモチベーションがアップすることでしょう。

### ③「〇〇さんが褒めていたよ！」

たとえば、「〇〇さんが、あなたのプロジェクトを素晴らしいって褒めていたよ！」と言われると嬉しいですよね。

心理的に言えば、人は**〝第三者目線〟**で褒められると、より嬉しさを感じるものなのです。

右腕も、「ほかにも自分を認めてくれている人がいるんだ」と思うのと同時に、あなたがたくさん褒めたとしても嫌みに感じないというメリットもあります。

「右腕を褒めているんだけど、あんまり喜んでもらえないことが多い……」

と悩んでいる人は、ぜひこの褒め方を試してみてください。

**④「任せるよ！」**

右腕にとっては任されることがリーダーからの信頼の証。

右腕がやる気を出して、より成長していくためにも、どんどん仕事を任せてください。任せてもらったからには「もっと頑張ろう！」と奮起してくれることでしょう。

**⑤「一緒に頑張ろう！」**

多少、仕事がしんどいときでも、チームが一丸となっていると感じると、高いパフォーマンスを発揮できるものです。連帯感を高める励ましの言葉はモチベーションを向上させるので、どんどん使っていきましょう。

ここで紹介した以外にも、右腕のやる気に火をつける言葉はたくさんあると思います。

ぜひ、あなたならではの〝**魔法の言葉**〟を探してみてください。

# 7

# 成長してきた右腕とのつき合い方にはコツがある

## ■ずっと〝いい関係〟でいるために

右腕が育ってきたときに、避けて通れない問題があります。

**それは、優秀な人材であるがゆえに、「諸刃の剣」にもなり得るということです。**

つまり、リーダーに反発したり、場合によっては組織から離れてしまう危険性すらあるということですね、

そこで、ここではそんな事態にならないよう、成長した右腕とつき合ううえで押さえておきたいポイントをお話ししていきましょう。

## ①現場では右腕を立てる

まず、右腕が育ってきた頃に、私が注意しているのは**「自分が出しゃばらない」**ということです。

たまに現場に行ったときにも、メンバーにいろいろと指示を出したりしないようにしています。

リーダーの自分が現場に顔を出していちいち指示を出そうものなら、現場を任されている右腕の指示を聞いたほうがいいのか、リーダーである私の指示を聞いたほうがいいのか、メンバーたちをただ混乱させてしまうだけだからです。

ふだん、右腕に任せているのだから、現場では右腕を立ててあげることが大切です。

現場にリーダーが顔を出す場合は、頑張ってくれているみんなに感謝し、労いをもって接するだけにしましょう。もし、何か現場で気になる点があれば右腕に伝えて、まず右腕が現場に対応するのがベストです。

右腕が頑張って築いてきた現場です。

そこでリーダーが出しゃばると、右腕が今後の仕事をやりにくくなってしまうので、注意してくださいね。

## ②互いに尊敬し合う

リーダーと右腕は互いに尊敬し合い、尊重し合う関係でいなくてはいけません。

そのためには、リーダーは右腕を尊敬する気持ちを常に「言葉」や「態度」で表していくことが大切です。

権限を与えている優秀な右腕だからといって、「言わなくてもわかるよね?」は、絶対ダメです。

尊敬する気持ちは、言葉や態度に表して、初めて意味をもつのだということを忘れないでください。

## ③組織の理念を守る

優秀な人材であればあるほど、組織にいる意義や意味が重要なものになります。

仕事にプライドや愛着をもてないでいると、「もっと自分に合ったほかの仕事があるのではないか」と考えてしまうことにもなりかねません。

優秀な人材を失わないためにも「この組織で働きたい」と心から思える「理念」を守っていきましょう。

**④感情的にならない・責めない**

右腕に対しては、期待が大きくなりすぎて、どうしても厳しい言葉をぶつけてしまいがちになりますが、これには本当に注意が必要です。

これが基本です。**「叱る」のではなく、「アドバイス」すること。**リーダーが威圧的な態度だと、いい仕事をしようというより、失敗をしないように無難な受け身の行動をするようになるだけでなく、怒られないようにミスを隠して、あとで大きな問題に発展することもあります。

もし、叱ってしまったときには**「言いすぎたね」**など、必ずアフターフォローを心がけましょう。

**⑤不満を放置しない**

右腕が不満に思っていることを相談してきたら、放置せずに向き合いましょう。かりにその問題がすぐに解決できないことだとしても、まずは**「取り上げてみるよ」「叶えられるように尽力するよ」**と耳を傾けて、右腕が働きやすいと思える環境をつくる努力をしていきましょう。

## ⑥右腕に対する愚痴を口にしない

リーダーが、右腕に対する愚痴を周りにこぼしてしまう――。

これは、絶対にやってはいけないことです。

それがどこからともなく右腕の耳に入り、信頼関係を壊すことにもなります。

「周りに愚痴をこぼすくらいなら、直接伝えてほしい」と思うのが右腕の本心です。

したがって、どうしても我慢できない場合は、本人に直接言ってしまったほうがまだいいでしょう。

人間関係の悪化は、優秀な人材の離職リスクを跳ね上げてしまいます。

本人に伝えられない愚痴は**「日記」**に書くなどして、自分のなかで消化するようにしましょう。

## ⑦右腕との「コミュニケーション」を大切にする

私は現在も、専務である右腕と月に1回、2人だけのミーティングを行っています。

そのミーティングは長いときで、なんと6時間ほどにもなります。

仕事の話は半分くらいで、あとはプライベートの話や「将来どうなりたい」などの夢について語ったりしています。

あなたからすると、ムダなことに感じられるかもしれません。

しかし、そんな他愛のない会話の積み重ねがあるからこそ、右腕との絆が深まり、ビジネスを超えた強固な関係になっていけるのだと思っています。

一緒に泣いたり、笑ったり――。

そんな感情を共有し合えたら、本当にいい関係性になれるでしょう。


さて、ここまでをお読みになって、どう感じられましたか？

「気をつけるべきことが多くてたいへんそう」

と思ったかもしれませんね。


**でも、右腕を選んだのは、あなた自身です。**

あとになって「ああすればよかった」と嘆くことのないようにするためにも、ここでお話ししたことを参考にしてほしいと思います。

## 8

# 時期が来たら「右腕の右腕」を育てよう

### ■右腕ができることには限度がある

リーダーに代わって現場を回している右腕――。

しかし、いくら頼りになる右腕とはいえ、常に1人で現場を回すとなると、以前の私が経験してきたように、いずれ限界に達してしまう危険性があります。

では、どうすればいいのでしょう？

**ズバリ、右腕にもサポート役、つまり「右腕の右腕」をつくればいいのです。**

ちなみに「右腕の右腕」をどう育てるかというと、基本的には右腕を育てるときと変わりはありません。

ただし、人選の際には「右腕」の意見を取り入れることが必要です。

つまり、「右腕の右腕」については、リーダーが独断で決めてはダメだということですね。

なぜなら、同じ組織で働いていても、リーダーにとって相性がいいと思う人物と、右腕にとって相性がいいと思う人物が同じだとはかぎらないからです。

リーダーが自分の右腕を決めるときと同様に、右腕にとってフィーリングが合う、すなわち「自分の右腕にしたい！」と心から思える人物を右腕自身に選んでもらうことが大切です。

かりに、リーダーが勝手に「右腕の右腕」を選んでしまった場合、どうなるでしょう？

徐々に噛み合わない部分が出てくるかもしれません。

あるいは、リーダーからその人物を押しつけられたような感覚になって、いい関係を継続するのが難しくなる可能性もあります。

もちろん、単にフィーリングが合うということだけで選ぶのも考えものです。目的は、あくまでも仕事をうまく回していく、つまり結果を出すことにあるわけですからね。

右腕には、そうしたことも伝えたうえで、自分の右腕を選ぶように導いてあげましょう。

## "人材育成"のサイクルを回そう

さて、こうして「右腕の右腕」となる人物を決めたとします。

どの人物になったとしても、育て上げていくのは右腕育成のときと同じなので、すぐに万全に稼働するわけではありません。

そう、「右腕の右腕」が未熟な間は、リーダーが右腕にしてきたように、今度は右腕自身が"自分の右腕"をしっかり愛情をもって育てる必要があるのです。

とはいえ、右腕にしても、最初のころはどう育てればいいのか迷うこともあるでしょう。

その際には、リーダー自身が右腕に育成法を伝授してあげることは言うまでもありません。

そもそも「組織の未来」というのは、親から子ども、そして孫に受け継がれるように、リーダーから右腕へ、そして右腕からその右腕へという具合に受け継がれていくものです。

まさに「右腕」は、組織の未来を担う存在なのです。

そして、右腕の右腕をつくることもまた、「組織の自動化」「組織の未来」にとって欠かすことのできない重要ポイント。

実際のところ、「右腕の右腕」が育てば鬼に金棒です。

リーダーの理念を理解した右腕が育ち、さらに「右腕の右腕」が育つことで、より強い組織ができていきます。

組織を円滑に回す〝人材育成のサイクル〟ができれば、それぞれに業務分担ができ、1人ひとりの負担も減少し、休日出勤などで仕事を片づけるようなことから脱出できます。

もっと効率よく有意義に仕事に臨めて、個々の休日は心身を休めるために、きちんと使えるようになります。

つまり、組織にいるみんなにとって〝理想の働き方〟を実現することができるのです。

# 第5章

# うまくいかないときこそメンバーの〝心のケア〟に努めましょう

# 1 「鏡の法則」をご存知ですか？

**■口に出さずともあなたの気持ちは伝わっている**

ここまでのところでは、「自動化」を実現するための３つのポイントについて詳しく見てきました。

**ただ、その中心にいるのが、常に「人」であることに変わりはありません。**

そこで、この章では主にメンバーの「心のケア」について説明していきたいと思います。

まず、質問です。

あなたは、「鏡の法則」を知っていますか？

この「鏡の法則」では、周りの人の行動や反応は、すべて自分の態度や気持ちを映し出したものと考えます。

**つまり、あなたの人生のなかで出会う相手の言動は、あなた自身を映し出しているということなのです。**

右腕やほかのメンバーに対して「何かあっても代わりの人材がいる」「どうせ自分よりも仕事ができない」「使えない」と見下していませんか？

そこまでいかないにしても、メンバーに無関心だったり、「働いてくれてさえいれば、別にほかのことはどうでもいい」などと思っていたりしませんか？

人というのは不思議なもので、言葉に出さなくても心のなかの気持ちは何となく相手に伝わってしまうのです。

「あの人のこと、何だか苦手だ……」と感じたときは、相手も自分のことを苦手だと思っています。逆もまたしかりで、こちらが相手のことを好きだと思えば、ほぼ相手も自分に好印象をもってくれています。

この心理から考えれば、リーダーはメンバーに対して細かいところまで考えずに、無条件で仲間として好きになってしまったほうがいいですよね。

**そう、組織の人間関係においては、理屈抜きの身内びいきでOK。**

メンバーの悪い部分を見つけて批判するのではなく、組織のために働いてくれているメンバーに感謝する気持ちが一番大切なのです。

この「鏡の法則」は、接客時や職場で大いに応用できるので、私の会社でも研修時にメンバーにしっかり指導しています。

具体的なポイントを見ていきましょう。

**①周りやメンバーを変えたいなら、まずは「自分が変わる」**

他人の行動や発する言葉を変えることは、そんなに簡単なことではありませんよね。

もし、メンバーに対して「変わってほしい」「もっと成長してほしい」と思うのであれば、先にあなた自身が変わることです。

相手の変化を待ち続けて、期待だけして裏切られるよりも、先に自分が変わることで、もっと早く周りにいい影響を与えることができるからです。

たとえば、メンバーに「ちゃんと片づけをしてほしい」という不満があった場合には、あなた自身が率先して片づけをしている姿を見せることで、メンバーは「いつもキレイにしてくれている。ありがたいな。やっぱり片づけって大切だな」と認識させることができ、あなたが望む行動を促すことにもつなげられます。

人がイヤだと思う作業ほど、リーダーが率先して取り組み、メンバーの〝いい鏡〟になりましょう。

## ②人への不満や悪口を口にしない

あなたの周りに、人に対する不満や悪口ばかり口に出している人はいませんか？

こんなタイプは、自分が悪口の対象である人物の〝映し鏡〟であることに気づいていません。結局は同じレベルなのです。あなたの言動で周りは変わります。自分がいい方向へ変われば、悪い影響をもたらそうとする人は自然と離れていきます。

## ③メンバーの模範となる行動をとる

あなたが思っている以上に、メンバーはリーダーをよく見ています。だらしないリーダーを見れば「ちゃんとしなくてもいいんだ」と思ってしまうので、メンバーへの悪影響になりかねません。逆に、リーダーがハツラツとしていて、メンバーに対してもしっかり笑顔で挨拶するような環境であれば、当然、メンバーも同じようにしっかり挨拶ができるようになります。

## ④コツコツ続ける

「鏡の法則」は、1つの心理テクニックです。実践したからといって、1日や数日で何かが変化するものではありません。なかなか成果が出なくても、続けることを大切にしましょう。

以上のように、「自分の周りの人間関係や周りで起きている出来事は、自分の心が映し出されている」と考えられれば、他人にばかり問題があると批判的にならずに、自分自身の心のあり方を見つめ直すこともできます。

**〝人間の悩みのほとんどは人間関係にある〟**と言われています。

逆に言えば、人間関係が順調であれば、不安定になりやすい心も、常に元気でいられるのです。

**いい人間関係を築き上げるために、自分から先に相手のことを好きになる――。**

こんな生き方をすれば、意見のすれ違いやトラブルが避けられて、毎日が生きやすくなるのは間違いありません。

もし、メンバーとの関係がうまくいっていないと感じているのであれば、**「自分は本当にメンバーを大切にできているのか？」**と、一度振り返ってみましょう。

仕事仲間の長所を見つけて、大切にする――。

そうすれば、必ず相手もあなたを大切にしてくれます。

仕事でも恋愛でも友人でも、すべての人間関係に使える「鏡の法則」を実践してみてください。

## 2 「信じて任せる」ことの本当の意味

### ■「メンバーが自ら動き出す風土」はこうしてつくられる

あなたは、メンバーに仕事を任せるとき、どんな対応をしていますか？

たとえば、メンバーに仕事を任せる際に、ただ指示を出して任せて終わり……などということをしていたら要注意。

メンバーは、自分が組織に必要とされているかどうかを、あなたの言動で判断します。リーダーが自分の力を信じて仕事を任せているのか、だれでもいいと思って任せているのか。リーダーの言葉や態度が、メンバーのモチベーションを左右するので気をつけましょう。

人の心は、相手に自分を信じて任せてもらうことで、

「信じてくれた人の期待に応えたい」

**「信じてくれている人を裏切りたくない」**

という心理が働きます。

したがって、一度任せると決めたなら**「信じて任せる」**という想いを言葉にして、必要な指示を与えたら、あとは細かいことに口を出してはいけません。

それをやってしまったら、信じて任せることにはならないので、まずは口出しをせずに最後まで見守ってあげましょう。

もし、メンバーに任せた仕事についてリーダーが口を出すとしたら、それはメンバーのほうから質問されたときや、結果がうまくいかなかったときだけ。

そのときに、必要に応じてアドバイスしてあげればいいのです。

それでは、ここで「信じて任せる」ためのポイントを見ていくことにしましょう。

## ①メンバーとの信頼関係を築く努力をする

「信じて任せる」ためには、メンバーとの信頼関係があるか否かが重要です。

お互いが認め合っているからこそ「期待に応えたい！」というメンバーの想いも強くなり、仕事で高いパフォーマンスを発揮することができるのです。

強い信頼関係を築くためにも、メンバーとコミュニケーションをとりましょう。

「今日も頑張っているね」と日頃から声をかけるなど、地道なやりとりが肝心です。

**②仕事を任せたあとに放任しない**

「放任しない」というのは「口を出せ」ということではありません。

仕事を任せて何もしないのではなく、メンバーの能力や経験を把握したうえで、作業を進めるときに1人で困らないよう、マニュアル作成や報告義務などのルールをしっかり決めて、安心して取り組める環境をつくっておくということです。

**③メンバーが困ったときのアドバイザーになる**

メンバーの至らない部分を見つけたときは、すぐに怒ったりしないで冷静にアドバイスしましょう。

メンバーが相談しやすい雰囲気をつくるために、リーダーからメンバーに相談するなど、日頃から上下関係の垣根を取り払い、相談し合える関係を築いておくことが大切です。

## ④メンバーを信じる勇気をもつ

心理学では、「人を信じることができない人は、自分自身も信じることができない」と考えます。

したがって、まずはメンバーを信じる〝自分自身〟を信じることが大切です。

そのうえで、メンバーのプレッシャーにならない程度に**「大丈夫。あなたならできるよ！」**というメッセージを定期的に言葉やメールなどで伝えてあげましょう。

その励ましや信頼を表す言葉は、とくに経験がない不安のなかで頑張っているメンバー自身の**〝自分を信じるパワー〟**の源となってくれるでしょう。

**「リーダーを信じる」「メンバーを信じる」「自分たちの仕事を信じる」――。**

この思考が根づいた組織ほど強いものはありません。

確固とした信頼関係と個々の責任感をベースに、みんなが活気にあふれた環境でスキルを磨いていける、将来的にも素晴らしい組織になります。

自然とメンバーが自ら動き出す風土になっていくことでしょう。

# 3 できるリーダーがやっている「メンバーの心を操る」テクニック

## ■プラスの面に使えば強力な武器になる

「メンバーの心をつかむには、どうすればいいのか?」

これは、組織を率いるリーダーであれば、だれもが一度は考えることですよね。

メンバーの心をいい方向へ操ることができれば、組織の人間関係がよりよくなりますし、憧れと尊敬、親しまれるリーダーになる可能性も高まります。

そこでこの項目では、メンバーの心を上手に操る〝心理テクニック〟を紹介します。

この心理テクニックのセオリー(論理)を理解すれば、

「メンバーが何を考えているかわからない」

「どうすればやる気を起こせるのか」

といった悩みから、きっと卒業できるはずです。

メンバーからの支持を得るため、そして育成のためにも、ぜひ取り入れてみてください。

### ①メンバーの本音を知りたければ〝自分〟から本音を話す

メンバーの本音を知ることは、仕事を任せるうえで大事な判断ポイントになります。しかし、人は、本音を出してこない相手に心を開くことはありません。そのため、メンバーの本音を知るには、やはりリーダーから本音で話す習慣をもっておくことが大切です。

メンバーはリーダーの本音が聞けると、距離が縮まったように感じて親近感がわくので、どんどん活用しましょう。

ただし、愚痴っぽくなってしまうと、単純にネガティブな印象になってしまうので注意してくださいね。

### ②「ラベリング効果」でメンバーの才能を伸ばす

「あなたは○○だ」と相手にラベルを貼ることで自然と行動を促し、相手が実際にそのような行動をしてしまうことを**「ラベリング効果」**と言います。

ここでの〝ラベリング〟とは、リーダーがメンバーに抱く**〝理想のイメージ〟**です。

たとえば、メンバーに対して「あなたは仕事が早い！」と繰り返し伝えると、そのラベルを貼られたメンバーは、そのラベルのとおりに振る舞う心理が働き、結果的に仕事が早い自分であるために行動するようになるのです。

この心理を利用して、メンバーに対して**〝プラス要素〟**のラベリングをすると、メンバーはもっと自信をもつことができ、その才能を伸ばしてあげることができます。

些細なことであっても、メンバーが得意なことや、頑張ったことを褒めてあげて、どんどんラベリングしましょう。

反対に「いつも仕事が遅い」「なんで仕事ができないの？」とメンバーに対して愚痴ばかりこぼすと、本当に自信を喪失し、いつもやる気のない、仕事ができないメンバーになってしまうので絶対に避けましょう。

## ③メンバーと一緒に〝難しい業務〟に取り組む

あなたも、一度は聞いたことがあるかもしれない**「吊り橋効果」**。

これは、人が不安や恐怖感を強く抱いた際に、ともに危険を乗り越える経験したとき、その相手に対して、好感や親近感を抱くというものです。

たとえば、メンバーが何か新しい仕事や企画を担当している場合、その業務をリーダーがサポートしてあげて一緒に乗り越えれば、お互いの心の距離はグッと近づきます。いわゆる一緒に戦った〝戦友〟という感覚になるわけです。

この感覚はとても大切で、信頼関係を築くベースにもなります。

一緒に戦った仲間だからこそ、信頼し合えて、「この組織を守っていこう」と強く思える。そんな理屈抜きの信頼関係が生まれるのです。

このような「吊り橋効果」以外に、メンバーとの距離を縮める方法としては、**「共通点を探す」**ことがあげられます。

たとえば、趣味や好きなもの（好きな食べ物、好きな映画など）のように、何かしら共通点があると、心の距離を縮めやすくなります。

メンバーにしても、リーダーに認めてもらえたような感覚になって、「この人、わかってくれているな」と、親近感をもつことができるのです。

そんなに難しいことではないので、メンバーとのちょっとした共通点を探して、積極的に話しかけてみましょう。

## ④「期待している」ということを言葉で伝える

期待されることで成果が上がる心理効果を**「ピグマリオン効果」**と言います。実際、これはすでに企業での人材育成やマネジメントでも広く活用されている方法です。

具体的には**「期待している」**と、まずは言葉でしっかりメンバーに伝えることです。

次に、メンバーの能力を見極めたうえで**〝課題となるもの〟**を与えます。

この課題は**「メンバーがちょっと頑張ればできること」**であることが大切。

あまりにもハードルが高いものは、メンバーがパンクしてしまうので要注意です。段階的に「初級編」「中級編」「上級編」という感じで、**〝課題のレベル〟**を上げていくのがいいと思います。

その期間は、メンバーのモチベーションを維持するためにも、とにかく褒めましょう。メンバーは、１つひとつの課題をクリアして期待に応えようと、自発的に頑張るようになります。

さて、ここまでをお読みになっていかがでしたか？

「自分もこういう行動をしていたな」「この心理テクニック、使ったことがある！」と思った人もいるのではないでしょうか。

あるいは、すでにこれらの心理テクニックを用いて、人間関係をうまく回し、効果を実感している人もいるかもしれませんね。

**ここで紹介した心理テクニックを使えば、メンバーとの距離が縮まり、〝メンバーの心をつかんで離さない魅力的なリーダーへの第一歩〟を踏み出すことができます。**

まずは、できることから実践する――。

その一歩が、自ら動き出すメンバーを育てるうえでの成功のカギとなってくれることでしょう。

## 4

# 「褒める」と「叱る」のバランスはどれくらいがいいの？

### ■いい意味で「アメとムチ」を使いこなそう

あなたもご存知の松下電器（現パナソニック）を一代で築き「経営の神様」とまで呼ばれた松下幸之助氏は、厳しかったことでも有名ですが、〝褒める〟ことをとても大切にしていたと言います。

もちろん、リーダーは、メンバーに厳しくしなければいけないときもあります。

しかし、組織を大きく成長させるために、そして〝メンバーのモチベーション〟を高めるためには「9割褒めて1割叱る」くらいがちょうどいい、というのが私の考えです。

いつも厳しいばかりでは、メンバーたちはどんどん萎縮してしまって、やる気や自信を失うものです。

最悪の場合、メンバーたちが「怒られないようにしなければ」と考えてしまい、リーダーに嘘をつくようになったり、ミスを隠すようになったり……。

それが長じて、メンタル面にまで影響を及ぼしてしまうケースもあるほどです。

**仕事で問題が起こり、叱らなければいけないときに厳しいムチを使ったら、そのあとには、ぜひアメ（フォロー&ケア）を使ってください。**

このコツを押さえておかないと、本来はメンバーの成長を望んでいるのに、逆に成長を止めてしまいます。

9割褒めて1割叱るような感覚をもつことが大切なのです。

どんなに小さなことでも、いいと思ったことは積極的に褒めてあげましょう。

先述のように、私は子どもの頃から親にたくさん褒めてもらって育ちました。

それと同時に**「あなたなら絶対にできる！　大丈夫！」**という励ましのメッセージ

が、私が頑張る糧となりました。

自分が困難な状況に陥っても、励ましの言葉をもらえていたことで、「私なら大丈夫！　きっとできる」と立ち向かえる力になっていたのです。


**組織のなかで、リーダーはメンバーにとって親のような存在。**


リーダーに認められて褒めてもらうことは、とても嬉しいことで、メンバーのメンタル面の安定と仕事への自信を守ってくれることにつながるのです。

褒めるのと同じくらい「あなたなら大丈夫！」と声をかけ、信じて励ましてあげることで、人は底力を発揮し、「もっと頑張ろう！」と心から前向きになれます。

それどころか、本人がまだ気づいていない、実力以上の能力を発揮することにもつながるのです。

## ■叱れないリーダーに人はついてこない

ここまでのところでは、褒めたり励ましたりすることが、どれだけ重要かを書いてきましたが、決して「叱るな」と言っているわけではありません。

**「ここはよくない」と思ったら、絶対にスルーしたりせずに、何が悪かったのか、問題だったのかを丁寧に説明してあげましょう。**

よく「メンバーとの関係を悪くしたくない」「メンバーに嫌われたくない」などの保身が理由で、メンバーのミスをスルーしてしまうリーダーがいますが、それでは何も生みません。

メンバーとの人間関係がよくなるわけでもありませんし、どちらかと言えば、リーダーとしての威厳を失うことになるでしょう。

そもそも「メンバーに注意するのが苦手なんだよね」と言っているリーダーは、メンバーのことを本当に思っていない可能性も高いもの。

たとえば、自分の子どもが明らかにおかしな行動をしたとき、親としてスルーできるでしょうか？

そのときは、すべての親が子どもを叱ると思います。

これは、子どもを愛しているからこそですよね。

将来のことまで考慮し、子どもがイヤな思いをしなくてもすむように、叱らなければいけないときは叱って、問題点を理解してもらうようにしているのです。

メンバーのことを本気で考えているのなら、仕事のミスを見逃してはいけません。

もちろん、メンバーにミスや何かを指摘する際には、言い方に気をつけるのは当然のことです。

**感情的にならず、冷静に〝事実〟を伝えるだけにしましょう。**

私の場合で言えば、**「これ間違えていたよ。○○が正しいね。次からは気をつけてね」**と優しく伝えるようにしています。

たったこれだけです。怒りなどの感情は必要ありません。

本人は、自分がミスをしてしまったことを理解し、すでに落ち込んでいます。そこで必要以上に感情的になって怒りをぶつけたら、ただの**〝責め〟**にしかなりません。

メンバーも大人です。冷静に説明すれば理解してくれるので、メンバーの心に訴えかけなければいけないときだけ、厳しさを出すようにしましょう。

大切なことなので何度も言いますが、厳しくしたり、叱ったりしたあとは、アメ（フォロー&ケア）の対応を忘れないようにしてください。

私のアメ対応を例にすると、

「さっきは少し言いすぎちゃったね、ごめん。でも、〇〇さんのことを期待しているから。これからも一緒に頑張っていこうね！」

というように、〝厳しく叱咤したことの理由とメンバーへの期待、励ましの言葉〟を伝えています。


メンバーを積極的に褒めて、励ます。

ミスをしたときには冷静に叱る――。


ぜひ、どんなときも愛情をもってメンバーに接してあげてください。

## 5

# 必要に応じてメンバーの私生活まで目配りをしよう

### ■〝心のバランスを崩す人〟がますます増えている

「働く仲間」であるメンバーの〝メンタルヘルス＝心の健康〟は、組織にとって本当に大切です。

心身ともに疲れて、心のバランスがとれていない状態では、仕事でもいいパフォーマンスを期待できませんからね。

現代は、多くの人が忙しさから、自分のケアをする時間がなく、心のバランスを崩してしまい、会社を辞めることになるケースがますます増えています。

そんなことから、私が美容サロンに次いで立ち上げたカウンセリング事業は、

「ストレスフルな現代で働く人々の力になりたい！」

「悩める人たちの笑顔を取り戻したい！」

という想いからスタートさせました。

私自身、心理学を学び、現役カウンセラーとして活動していますが、そこで痛感したのが、**“仕事で心のバランスを崩してしまった”**という相談の多さです。

これは、カウンセラーとしても、会社の経営者としても、見過ごすことができるものではありません。

公私にわたり、あらゆるストレスにさらされる現代。

リーダーとして、「メンタルヘルスケア」の大切さを組織内で浸透させ、メンバーたちに**“心の疲れは意識的にケアしなければ回復しない”**ことを認識してもらうのは、いまや当然の責務なのです。

実際、私の会社ではメンバーの様子が少しでも変だなと感じたときは、私をはじめ各リーダーたちがメンバーに声をかけて話を聞くようにしています。

とくに変わったことがなくても、定期的にリーダーとメンバーの個人ミーティングを実施し、メンバーの心の状態などを把握してもらってもいます。

**それほど心の状態は、仕事にダイレクトに影響してくるものだからです。**

何か悩みが心に重くのしかかっていると、目の前の業務に集中しようとしても、その重圧で注意散漫になり、いつもこなしていた業務が疎かになって質が下がってしまったり、会社を辞めてしまう原因になったりと悪影響しかありません。

リーダーは、メンバーが元気に楽しく心がいい状態で働けているのかどうかを、常に気にして目を配ってあげることが大切なのです。

## ■こんな癒しで心をリフレッシュ！

では、具体的にはどうすればいいのでしょうか？

まずは、仕事環境だけではなく、〝プライベート〟でも心のケアを行うことをメンバーにすすめてください。

私は、自分の会社のメンバーに対して、〝仕事が終わり家に帰ったら、最低15分は自分の時間をつくってリフレッシュする〟ようにさせています。

「大好きなドラマを観ながら好きなお菓子を食べる」

「心地いい程度のストレッチや運動をする」

「大好きな香りのお風呂に入ってマッサージをする」

「好きな音楽を聴きながら読書する」

など、気持ちがリセットされて、自分のなかでリフレッシュできれば、何でもＯＫ。

このようなセルフケアには「自分を好きになる」「メンタルが安定する」「人に優しくなれる」など、たくさんのプラス効果があります。

ちなみに癒し効果と言えば、**「温もり」**も大切ですよね。

その意味では、心を安心させる**「セルフハグ」**もまた、癒しの効果が絶大です。

セルフハグをするときは**「今日も頑張ったね」「偉かったね」「大好きだよ」**など、人にかけてもらいたい言葉を自分自身にかけてあげながら、自分を抱きしめてあげたり、頭をなでたりするだけでも効果があります。

なお、自分を精神的にハグ（抱擁）することによって感じる〝温もり〟には、自己肯定感を高めてくれる効果があるので、仕事のパフォーマンスを高めるという相乗効果もあります。

まさに一石二鳥ですよね。

ほかの癒しのテクニックとしては、**「鏡のなかの自分と話す」**というものもあります。

これは、鏡のなかに映る自分を親友だと想定して、話を優しく聞いてあげる**〝自分**

**対話型〟**の心理テクニックです。

たとえば、次のような感じです。

「今日さ、こんなミスしちゃったんだよね」

「そっか、つらかったね。でも、ちゃんとフォローできて偉かったよ」

このように、自分と優しく対話するのです。

**その際には、自分を絶対に否定しないことが大切。**

話しながら頭をナデナデする〝セルフハグ〟を併せて行うと、さらに心を落ち着かせることができるでしょう。

## ■メンバーの悩みを軽くする、とっておきの方法

メンバーが、とてもつらい状況に陥っている——。

**そんなときは、我慢しないでだれかに「相談」するように促しましょう。**

これは、メンタルケアのなかでも本当に基本的なことです。

だれかに話すだけでも気持ちが軽くなることはたくさんありますし、第三者に相談することで、悩んでいた問題が意外と簡単に解決してしまうケースも多くあります。

悩んでいるときは、どうしても視野が狭まってしまい、脳の思考もそれに合わせて変化していきます。

ストレスが脳に及ぼす影響は甚大で、正常な判断をすることができなくなってしまうのです。

周りからすると、「なんでそんなことで悩んでいるの?」などと思うこともありますよね。それもそのはず、悩んでいる本人は深刻で、ものごとを正常に考えられなくなっているのです。

そんな状態では仕事でもミスが多くなるので、1人で抱え込まないような人間関係を組織内でも築き上げておきましょう。

なお、自分だけでできるメンタルケアには、〝**頑張った自分にご褒美をあげる**〟という方法もあります。

一生懸命頑張ったときは、以前からほしかったものを買ったり、美味しいものを食べたりして、自分のモチベーションを高めてあげることが大切です。

頑張りが報われると、「明日からも頑張ろう」と思えますよね。

**「今日はここまで頑張ったから美味しいものを食べよう！」**など、小さなご褒美で、心を上手にコントロールできるということをメンバーに教えてあげましょう。

## ■適度な運動にはこんな効果がある

疲れてヘトヘトなのに、なぜか眠れない――。

**こんな日々が続いているメンバーには、あえて体を動かすようにアドバイスしましょう。**

体が疲れているのに眠れないのは、じつは心の疲れに原因があることが考えられます。心が疲れるときというのは、心と体のバランスが崩れて、体よりも心のほうが重く疲弊してしまっている状態。

こういうときは少しだけ「しんどいな」と感じるくらいの軽い運動が効果的です。歩いたり、スクワットをしてみたり、仕事帰りに1駅分だけ歩いたり、ちょっと息が上がるくらいがベストです。

体の疲労を心の疲労レベルに合わせることで、心身のバランスが整い、しっかり眠れるようにもなります。体を動かすと体力アップやダイエットにもなりますし、爽快感もあるので、ストレス発散にも効果的です。

**また、休むことも大切な仕事です。**

しっかりオンとオフを意識して、休むときは「パソコンを開かない」「メールを読まない」などマイルールをしっかり決めて、心や体を休める時間は、全力で休みに徹するようにアドバイスしましょう。

# 6 人材育成をするうえでの黄金ルール

## ■ローマは1日にしてならず

組織を自動化するためには、理念をメンバーに浸透させ、自ら考え行動できる仕組みをつくっていく必要があります。

**そのためには、短くても1年は時間を要するというのが私の実感です。**

「そんなに時間がかかるのか」と驚かれるかもしれません。

でも、私がおすすめする「究極の自動化」は、だれでもいますぐに始めることができる反面、自動化がしっかり根づき、組織が回り出すまでには、どうしても準備期間が必要になるのも事実。

その意味でも、「自動化したい」と思った〝いまこそ〟始めてほしいのです。
組織改革は、すぐにでも結果を出したくなるものですが、焦りは禁物です。

**とくに人材の育成は、ある程度は中長期的に見る必要があります。**

先にもお話ししたことですが、まさに「子育て」のようなものですね。
自分が育てたようにしか育たないですし、リーダーの姿勢は、親であるリーダーから子どもである右腕へ、さらに子どもであるメンバーへと継がれていきます。

**親（リーダー）が必ずGiverになり、すべての愛情を子ども（メンバー）に与えていきましょう。**

**叱るときは子どものためを思って、きちんと叱れる親でいましょう。**

心のなかは必ず相手に伝わるものです。
表面的に愛情を注いでいるふりをしても、それはメンバーに伝わってしまいます。

それではメンバーは決してついてきません。

本物の愛情を注ぐからこそ、組織のため、リーダーのために頑張ってくれるものなのです。

焦る必要はありません。

そもそも信頼関係は長い時間をかけて、じっくり向き合って築いていくものです。根気強く、愛情をもってメンバーと接してくださいね。

## ■“組織思いのメンバー”はこうして育つ

リーダーによる、特定のメンバーに対するひいきもよくありません。

本当の子育てでも、兄弟姉妹のなかでだれかをひいきして可愛がると、必ず問題が起こります。

ひいきされなかった兄弟姉妹が、トラブルや問題行動を起こすようになってしまうのです。

これは仕事でも同じです。

メンバーには平等に愛情を与えましょう。

何度も言っているように、その際、愛情は〝**言葉**〟でも示すことが大切です。

「〇〇さんのこと、大切に思ってるよ」

「いつも頑張ってくれてありがとう」

「〇〇さんのおかげで、私も毎日楽しいよ」

など、心で思っているだけでなく、言葉でしっかり愛情や感謝を伝えるのです。

もしも、メンバーがしんどそうなときは、話を聞いてあげて、しっかり支えてあげましょう。


**いつもメンバーの味方でいるのがリーダーの役割です。**


メンバーが何を望んでいるのか、どうしたら喜ぶのか、できる範囲で考えてあげましょう。

こうやって日頃からメンバーを大切にし、信頼関係をしっかり築いていくことで、自然と〝**組織思いのメンバー**〟〝**自ら動き出すメンバー**〟を育てられます。

現在は少子化のため、働く人口も年々減ってきています。

人材を見つけて育成するとなれば、時間やコストも膨大にかかってしまいます。

だからこそ、まずは人を大切にすることが、安定した経営や離職防止にも必要不可欠です。

**あなたには、ぜひ中長期的な目線、子育て目線でメンバーを見守ってほしいと思います。**

そして人の育て方に迷ったときは、自分に**「この経験を通じて、相手は何を学ぶのか？」**と、問いかけましょう。

ほんの少しでも〝できる部分〟を見つけてあげて、そのできることに気づかせてあげてください。

きっと、いつしかそのメンバーは組織にとってかけがえのない存在になっているはずです。

# 終章

# 「包容力」と「威厳」のある
# オンリーワンのリーダーに
# なりましょう

# 1 リーダーとして日頃からしておきたいこと

## ■あらためてリーダーに求められる能力とは何か？

リーダーが組織を回すうえで不可欠な要素に「包容力」と「威厳」があります。
リーダーの包み込むような優しさと愛情、堂々とした姿勢から生み出される信頼感。
これらは、メンバーのモチベーションを高め、結果として組織の利益にも直接的にかかわってくるものです。

リーダーの能力とは、仕事ができるだけで評価されるものではありません。

「自分は親」という気持ちでメンバーのすべてを大きな心で支え、常に全力でサポートし、メンバーを自ら動き出すまでに育て上げる——。

むしろ、それこそがリーダーに求められている能力だと言っても過言ではありません。

でも、リーダーがどんなにしっかり役目を果たそうとしても、人は不完全なもの。

メンバーも、ときには間違えてミスをすることがあるでしょう。

実際、仕事をしていればヒューマンエラーは付き物です。

そのためにチェック担当を設けていたりもするのですからね。

先にもお話ししたことですが、メンバーがミスをした場合には、必要以上に責めたりせずに、問題点を着実に改善していきましょう。

**リーダーとしての包容力と威厳を身につけるためには、いつも動じない余裕が必要なのです。**

そして、常に温かい心の〝**思いやり精神**〟でメンバーと接することができるように、自分自身を大切にしましょう。

そう、リーダーは常に**「愛を与える側」**にいるべきなのです。

相手がどんな立場であっても、しっかり話を最後まで聞き、相手の気持ちになって考え、共感してあげましょう。

その意見がたとえ間違っていた場合でも、頭ごなしに批判するのではなく、相手の気持ちを考えながら、伝え方に気をつけて指摘してあげるのです。

## ■私が心がけている「リーダーとしてのマイルール」

親が子どもの前では立派な親であろうとするのと同様に、私もメンバーの前では堂々としたカッコいい自分でありたいと考えています。

何かあったときに、メンバーから「このリーダーなら絶対に助けてくれる」「いつも自分たちを全力で守ってくれる」と思ってもらえるようになりたい——。

そのために、私は次のようなことを心がけています。

### ①責任をとる覚悟と姿勢をもつ

威厳のあるリーダーとは、いざというとき、メンバーをきちんと守り、責任をとる覚悟がある人です。

何が起きても、なるべくパニックにならず、メンバーや周りを安心させるリーダーでいましょう。

問題に冷静に対処できるリーダーは、メンバーにとって「この人の下なら安心して働ける」と思える心強い存在です。

メンバーから見て**「頼れるリーダー」**でいることは、強い組織をつくっていくためにも重要なポイントなのです。

## ②姿勢を正して堂々と振る舞う

リーダーの立ち振る舞いは、想像している以上に周りから見られています。

猫背な姿勢は自信がなさげに見えてしまい、老けた印象にもなりますので、背筋をピンと伸ばしましょう。

自分の**〝仕事中の表情〟**にも気を配ることが大切です。

内側からにじみ出る**〝自信の表情〟**がリーダーの威厳を高めるので、考えすぎてしまいそうなときは深呼吸をしたり、気分転換したりするなど、気持ちの切り替えをするようにしてください。

また、信頼され愛されるリーダーになるためには、組織内で威圧的にならないように、いつも笑顔でいるようにしましょう。

動作は少しゆっくりなくらいで、落ち着いた行動を心がければ、より堂々としたイメージで好印象になりますよ。

### ③始めたことはブレない信念をもって貫く

発言がコロコロ変わったり、一貫性がなかったりするリーダーは当然、メンバーから支持されません。

たとえば、指示どおりに作業していたのに、メンバーに対し「何でこんな失敗したの？　指示どおりにやってよ！」と、自分の出した指示を忘れてメンバーを責めてしまうリーダー。

これは、本当にダメな例です。そのつど、指示や意見が変わってしまうようなリーダーにメンバーはついていかないでしょう。

威厳というのは、〝尊敬〟が根底にあることを忘れてはいけません。

「私はこうする」と一度言葉にしたことは、しっかり実行しましょう。

有言実行でなければ、「口だけの人」「自分で決めたことを何もやらない人」というマイナスの印象をもたれてしまいます。

## ④悪口や噂話、愚痴は言わない

何度もお話ししているように、リーダーから発せられる悪口や噂話、愚痴は、器の小さな人間に見えてしまい、イメージダウンにつながりますので避けましょう。ムダに敵をつくるだけでなく、職場の雰囲気を悪くしますし、何よりもリーダー自身に何のプラスももたらしません。

自分が人に影響を与える立場であることを、きちんと認識しておきましょう。

たしかにリーダーも人間である以上、たまには愚痴や泣き言を吐露したくなることはありますよね。

それでも、リーダーがその欲に負けて、感情のおもむくままに言葉にしてしまうと、メンバーや周りの人間は不安を感じてしまい、組織の士気が下がってしまいます。

どんなときも前向きに進むために舵をとる――。

それがリーダーの理想的な姿です。

「口は禍のもと」ということを、リーダーであればだれと接するときも頭の片隅に置いておきましょう。

ふだんからマイナスの言葉を慎む習慣を身につけていれば、信用度がさらに上がります。

### ⑤礼儀を大切する

社会的な地位のある人を見ていてつくづく思うのが、〝礼儀〟を大切にしている人が多い、ということです。

挨拶、言葉遣い、相手への敬意、礼儀を守ることは、人の上に立つ人間にはとても大切なこと。

包容力と威厳とは、相手を敬う気持ちや礼儀を備えてこそ身についてくるものです。

礼儀についてわからないことがあれば、調べて学ぶ――。

こうした積み重ねが、あとで必ず役に立つのです。

### ⑥常に「自分が好きだ」と思えるような行動を選択する

これも大切なポイントです。

万が一、ズルをしたりすれば、だれにも見られていなくても、自分だけは事実をわかっているので、自分を好きではなくなってしまいますよね。

自分のことを好きで信じている人は、自分に誇りをもてるような生き方をしていくことができます。

そして、それが**堂々とした自信のある態度や言動**につながっていくのです。

以上、私が心がけているリーダーとしてのマイルールを見てきました。

もちろん、リーダーも人間です。

ついつい油断してしまうこともあると思いますが、日々の心がけを忘れずに、「包容力」と「威厳」を高めていきましょう。

# 2 現場にいなくても、リーダーはいつも意識されている

## ■現場に顔を出したときには、これをしよう

自動化を導入して現場から離れた――。

**それでも、リーダーは常に周りから注目され、意識される唯一の存在です。**

リーダーの存在は、職場の雰囲気やメンバーたちの士気を司り、メンバーたちにとってお手本にもなります。「リーダーがこう話していた」など、1つの発言をとっても、大きな影響力があるのです。

したがって、現場にいることが減ったとしても、可能なかぎりメンバーに愛情を示し、尊敬される存在でいられるように努力しましょう。

リーダーの愛情表現として、必ず右腕や各リーダーを通して、メンバー全員を褒めてあげてくださいね。

そして、たまに現場に顔を出したときは、笑顔でメンバーを労い、仕事ぶりをたくさん褒めましょう。

私の場合は、月初めに必ず各店舗にメンバーが好きそうなお菓子やアイスなどを差し入れして、感謝と労いの気持ちを目に見える形で伝えています。

そのとき、併せて私専用の小さなホワイトボードに、メンバーへ働いてくれることへの〝**励ましのメッセージ**〟など、優しい言葉を書き残すようにもしています。

些細なことではありますが、こうしたちょっとした気配りが、お互いの信頼関係を築くうえでは、とても大切なことだと考えています。

## ■メンバーに見られているからこそ成長できる

リーダーがメンバーから尊敬してもらえる存在になる――。

**そのためには、リーダーも成長していかなければいけません。**

自動化で時間に余裕ができたぶん、その時間を使って自分自身を高めていくのです。

たとえば、いろいろな人と交流したり、読書をしたり、新しいことに挑戦したりなど、インプットのために時間を使うのもいいでしょう。

多くのことを学ぼうとするリーダーの姿勢は、しっかりメンバーに伝わっていきます。

そして、その姿勢はメンバーたちにも広がっていくことも期待できるのです。


**いずれにしても、メンバーに見られていることを意識すると、自分をより高めようとする自覚が芽生え、自分自身を成長させることにつながります。**


実際、成功している経営者には、若々しい印象だったり、聡明な印象だったり、爽やかな印象の方が多いのも、見られることを常に意識し、日々自分を高める努力をしているからではないでしょうか。

経営者は、自分が会社の広告塔であることを理解していて、会社をより魅力的に見せ、アピールするために、自分を磨いているのです。

# 3 〝心の余裕〟が前へ踏み出す原動力になる

## ■「そのうち」は永遠にやってこない

いつも忙しく動き回り、休みもなく毎日ギリギリのところで踏ん張っているリーダーは、とても多いと思います。

私も朝から晩までずっと仕事をしていたときは、とにかく心に余裕がなく、ただただ目の前の仕事をこなすことに必死の毎日でした。

現場で何か問題が起こっても、その根本原因が何なのかを考える余裕もなく、起こったトラブルをただその場で処理するだけ。

そのため、何度も同じようなトラブルが発生していました。

たとえば、扱っている商品の質がよくなくて、お客さまからクレームをいただいたとしても、忙しすぎてクレーム処理をすることだけに追われてしまい、

「もっと品質のいい商品を探して提供しよう」
「質を改善しよう」
というような、いま考えれば当たり前のことすら手が回らない状態でした。

**リーダーにとって、心と時間に余裕がないことは、組織運営や会社経営をするうえで、大変に危険な状況です。**

何しろ、「現在の会社の問題点は何なのか」「どうすればもっとよくなるか」などの戦略を客観的に考える時間と心の余裕がなければ、決して現状を打破することなどできないですからね。

私の場合、自動化後は、それまでの役割を右腕が果たしてくれたため、リーダー本来の役割に集中することができ、精神的にもすごくラクになりました。

**このように、自動化をすれば、リーダーは常に組織全体を見ることができるようになります。**

結果として、いまやるべき最優先事項を考えられるようになるため、問題を改善したり、中長期の戦略などに力を注いだりすることで、よりいい方向へ向かっていくことができるのです。

さらには**「新規事業を立ち上げよう」**というチャレンジ精神も出てくることでしょう。

現場で朝から晩まで働いて、心身が疲れ果てていると、「新規事業を立ち上げよう」などという考えや、それにチャレンジする元気も出てきません。何より、かりに新規事業案を考えたとしても、それを実行する時間がまずとれませんよね。

あなたも、以前の私のように「やらなければいけないこと」「やりたいこと」を、仕事や生活の忙しさを理由に、後回しにしていませんか？

**「そのうちね」という言葉で後回しにしてしまうことが増えていたら、それは〝危険信号〟です。**

組織にとっても、いい状態とは言えません。

たしかに、現場で一生懸命に仕事をするのは、とても素晴らしいことです。
でも、リーダーは常に心に余裕をもち、自分の組織をよくするための戦略を考えて、動けるようにしていかなければなりません。

いまの状態が、リーダーとして正しいあり方なのかを、ちょっと立ち止まって考えてみましょう。

視点を少し変えるだけで、組織の未来は必ずいい方向へ変わっていくはずです。
心の余裕は自分でつくるもの。

リーダーは率先して、人々の列の先頭を歩いて導く人です。

そのリーダーが、荷物を抱えてフラフラな状態で、先頭も歩けずにいたら、みんなも道に迷ってしまいます。
「自動化」で心の余裕を生み出し、もっと可能性を広げていきましょう。

# 4 「究極の自動化」がすべての人を幸せにする

## ■仕事だけの人生ではつまらない！

私が、この本でおすすめしている「究極の自動化」――。

これは、組織がこれまで以上に効率的に回ることで、メンバーが働きやすくなるうえに、リーダーはより重要な業務に集中できて、組織の発展のために可能性を広げられる方法です。

さらには、その結果として家族との時間も大切にできます。

**まさに、みんなが幸せになるための近道が自動化なのです。**

働きすぎで毎日が忙しく終わる悩みを解決して、家族ともっと時間を過ごしたい。

プライベートを充実させたい。

単なる仕事人間になるのではなく、人として生きる意味を再び実感できるようになるためにも、全体の働き方を一新するには、本当にいい方法だと思います。

## ■「自動化」すれば心身ともに健康になれる

私はカウンセラーという立場もあり、仕事関係も含め、いろいろな人の相談を受けています。

**相談に来るのは、すぐにでも休息やリフレッシュが必要な人たちばかりです。**


もっとラクをしてもいいのに、日本の社会ではそれが難しいのでしょう。

その意味で、この本で私がお話ししていることは、**「働き方改革」**です。

心に余裕がなければ、感情が不安定になることもあり、人間関係でも何かと摩擦を生みやすくなり、ギスギスした雰囲気であることが多くなってしまいます。

でも、働き方を変えるために自動化を導入したら、仕事とプライベートのバランスを保ちやすくなるので、精神的に安定します。

職場でメンバーに対してイライラしてしまいがちな人は、とくに効果が期待できるでしょう。

ほかにも、忙しいとつい不足になる「睡眠時間」をしっかり確保できるようになりますし、健康を考えた食事をつくる時間もできます。

運動する時間もとれて、心のケアやリフレッシュをする時間ももてます。

私の場合は、会社を自動化して、以前より本当に健康的になりました。

メンタル面も健やかになって、みんなに優しく接することができるようになり、仕事でもプライベートでも幸福度が上がったのが、私のなかでは大きな変化でした。

そう、「究極の自動化」は、「自分」「組織」「メンバー」「家族」のみんなが元気に幸せになれる魔法のような方法なのです。

## ■「究極の自動化」で得られる〝4つの幸せ〟

さあ、この本もいよいよ終わりが近づいてきました。

締めくくりとして、「究極の自動化」を実践することで、どんな幸せが得られるのかを見ていくことにしましょう。

### ①無敵の組織になる

・安定と信頼ある組織になる
・時代や景気、社会情勢に左右されない組織になる
・守りと攻めができる組織になる
・メンバー同士の人間関係が思いやりにあふれ、温かい組織になる
・いつもイキイキとしたやる気が生まれる組織になる
・メンバーが自ら動き出すようになる
・組織が円滑に回ることで離職率が下がる
・優秀な人材を育てやすくなる

## ②メンバーの幸福度が右肩上がりになる

・人間関係が良好で働きやすくなる
・自分の能力に自信がつき、自己肯定感がアップする
・仕事を通して「心のあり方」が変わり、生きやすくなる
・プライベートにもいい影響が出てくる

## ③家族との幸せな時間が増える

・心に余裕ができることでイライラが減る
・子どもの学校の行事などにも積極的に参加できるようになる
・その場かぎりの対応ではなく、しっかりと子どもの話に耳を傾け、向き合う余裕が生まれる
・子どもの心が安定する
・しっかり心を通わせられるようになり、「家族愛」が深まる

**④リーダーのさまざまな悩みを解消できる**

・いつもイライラしている働き者のリーダー
・家で存在感のないリーダー
・メンバーに仕事を任せられないリーダー
・配偶者や恋人との時間が全然つくれなくて崖っぷちのリーダー
・子どもとの約束が守れなくて信頼がガタ落ちのリーダー
・自分磨きをしたいけど、その時間がないリーダー

――リーダーを悩ませる上記のような問題も、自然と解決することができるのです。

**みんなが幸せになれる「究極の自動化」――。**

あなたも、さっそく始めてみませんか？

おわりに

# できることから、少しずつ取り組むだけでいい――

最後まで読んでいただき、本当にありがとうございます。

**リーダーである私のみならず、メンバー、組織、さらには家族までを幸せにしてくれた「究極の自動化」――。**

ここに至るまでにはいろいろありましたが、試行錯誤に費やした時間は「ムダではなかった」と、しみじみ感じています。

この自動化を導入したことで、まず私の笑顔が増えました。

そして、心理学で学んだことをベースに、メンバーたちへのかかわり方を工夫したことで、メンバーたちの笑顔が増えました。

自動化で時間をつくれるようになり、子どもたちと向き合えるようになったことで、子どもたちの笑顔が増えました。
さらには、自動化が定着するにつれ、会社の業績が順調に伸び、事業を拡大することもできました。
おかげさまで、いまでは朝から晩まで働いていたときには、とても考えられないような充実した毎日を送れています。

**すべては、「自動化」に取り組んだおかげ——。**

これは、私の心からの実感です。

この本を手にとってくださったあなたも、「いま、自分の置かれている状況を変えたい」という願いでお読みになっているものと思います。
もちろん、だれにとっても、自分自身が歩んできた、いままでの習慣や考え方を変えるのは簡単なことではないでしょう。

**でも、だからこそ、私がこの本でお伝えしたことを、少しずつでもいいから試していってほしいのです。**

この本のノウハウを実践することで、心と時間に余裕をもったイキイキとした幸せなリーダーやメンバーが増えることを祈っています。

そして、あなたの周りのみなさんにも、ぜひ幸せになってほしいと願っています。

**お互いに、どんな時代にも負けない「力のある組織」をつくっていきましょう！**

最後に、この本を制作するにあたって協力していただいたみなさま、いつも支えてくださっているみなさまに、感謝の気持ちをお伝えして、終わりにしたいと思います。

本当にありがとうございました。

株式会社スプリーズ代表取締役　高橋佑果

売上が劇的にアップする！
メンバーが自《みずか》ら動《うご》き出《だ》す「究極《きゅうきょく》の自動化《じどうか》」

2023年 1月 31日　　初版発行

著　者……高橋佑果《たかはしゆか》
発行者……塚田太郎
発行所……株式会社大和出版
東京都文京区音羽1-26-11　〒112-0013
電話　営業部 03-5978-8121／編集部 03-5978-8131
http://www.daiwashuppan.com
印刷所……信毎書籍印刷株式会社
製本所……株式会社積信堂


ISBN978-4-8047-1893-4